数字经济

产业区块链的落地和赋能

韩一　赵焕　李波　主编

人民出版社

目 录

前 言

　　数字经济推动新模式、新业态的不断发展，集中起来主要表现为平台经济、共享经济、生态经济和社群经济等，其共性体现了经济服务化的大趋势。

　　数字经济包括数字产业化、产业数字化、货币数字化。首先是数字产业化，发展数字产业主要有数字硬件业、数字软件业及数字服务业。其次是产业数字化，所有产业包括农业、工业、服务业都要数字化。实施"产业区块链"和"人工智能+"，数字技术与实体产业相融合，将重组产业组织，重构产业生态，大幅度提升价值创造能力。最后是货币数字化，货币数字化有两大类，即货币电子化和"数字货币"，发展"数字货币"势在必行。整个金融产业都要率先实现数字化。

什么是区块链？从科技层面来看，区块链涉及数学、密码学、互联网和计算机编程等很多学科的技术问题。从应用视角来看，简单来说，区块链是一个分布式的共享账本和数据库，具有去中心化、不可篡改、全程留痕、可以追溯、集体维护、公开透明等特点。这些特点保证了区块链的"诚实"与"透明"，为区块链创造信任奠定基础。而区块链丰富的应用场景，基本上都基于区块链能够解决信息不对称问题，实现多个主体之间的协作信任与一致行动。

区块链如何创造信任与合作机制，深入具体的应用场景，就能够看得更加清楚。区块链"不可篡改"的特点，为经济社会发展中的"存证"难题提供了解决方案，为实现社会征信提供全新思路；区块链"分布式"的特点，可以打通部门间的"数据壁垒"，实现信息和数据共享；区块链形成"共识机制"，能够解决信息不对称问题，真正实现从"信息互联网"到"信任互联网"的转变；区块链通过"智能合约"，能够实现多个主体之间的协作信任，从而大大拓展了人类相互合作的范围。总体而言，区块链通过创造信任来创造价值，它能保证所有信息数字化并实时共享，从而提高协同效率、降低沟通成本，使得离散程度高、管理链条长、涉及环节多的多方主体仍能有效合作。

从更大视野来看，人类能够发展出现代文明，是因为实现了大规模人群之间的有效合作。市场经济"看不见的手"，也是通过市场机制实现了人类社会的分工协作。在此基础上，区块链技术将极大拓展人类协作的广度和深度。也许，区块链不只是下一代互联网技术，更是下一代合作机制和组织形式。

第 1 章　区块链是什么

> 通俗地讲，区块链就是使用计算机技术实现记录全网所有信息的"大账本"，其特性是每 10 分钟记录一次，而且能够做到不重复记录，全网公开透明。

在谈区块链之前，我们首先来普及一个科学界流传已久的难题——"拜占庭将军"问题：

在古代，拜占庭帝国军队的将军们必须全体一致协商才能决定是否攻击某一支敌军。可是，这些将军在地理上是分隔开来的，并且将军中存在叛徒。叛徒可以欺骗某些将军采取进攻行动，也可以促成一个不是所有将军都同意的决定，或者迷惑某些将军，使他们无法作出决定。如果叛徒达到了这些目的之一，则任何攻击行动的结果都是注定要失败的，只有完全达成一致的努力才能获得胜利。

"拜占庭将军"问题是一个两难问题，也是一个计算机协议问题，核心问题是物联网系统中任意节点都无法信任对方。这个问题直到区块链技术出现之后才得到圆满地解决。

那么区块链究竟是什么，为何在近年以来受到了全球知名投行和金融机构的追捧？

对于民众来说，区块链的概念最先出现在比特币的相关论述中，区块链就是比特币的底层技术基础，而比特币则是区块链最为出名的一个应用。严格来说，区块链是使用分布式集体运作的方法，实现一套可信任的、不易篡改的数据库技术方案，具有去中心化、信息透明等优点。

1.1 区块链技术的核心概念

通俗地讲，区块链就是使用计算机技术实现记录全网所有信息的"大账本"，其特性是每 10 分钟记录一次，而且能够做到不重复记录，全网公开透明。由于区块链数据库是不可摧毁的，所记录的每笔交易信息是与时间对应的，因此里面的信息是不易篡改的，也就解决了"拜占庭将军"问题创建共识、无须信任单个节点的"痛点"。同时，由于区块链技术可以做到每笔交易不重复记录，也就大幅降低了交易成本。

基于区块链具有以上特性，高盛、摩根大通、花旗、维萨等金融大鳄把巨额美金砸向区块链技术，而且得到了比尔·盖茨和谷歌公司前总裁埃里克·施密特的高度评价。"蓝色巨人"IBM 也认为，区块链技术是物联网时代的 TCP/IP

协议，将会成为解决传统物联网中数据存储、交互处理和信息安全的关键技术。

对于传统互联网而言，当下的互联网展现为"中心—去中心—中心"结构，本质上是一个中心化的结构；而区块链却是一个"去中心—中心—去中心"结构，本质上是一个分布式的、去中心化的云网络，任一节点的损失都不会影响整个系统的运营。传统互联网在生命周期成本、收入方面等存在严重缺陷，因为每个设备需要单独作战，且需要经常人工维护，而区块链可以延长系统的生命周期，降低运营成本。

在区块链之前，从来没有一种方法能够实现数据永久存档，区块链技术首次解决了这个"痛点"。区块链系统通过分数据库，使每个节点都获取完整的数据，除非同时获取超过整个系统51%的节点，否则针对单个节点的修改对于整个数据库是无效的。因此，区块链技术可以在互联网中实现数据永久存档，而且可以实现全网公开透明。

1.2 区块链技术的应用场景

区块链既然有这么良好的特性，那么，区块链技术未来的应用和前景如何呢？

目前，互联网刚刚进入"大数据"时代，而区块链所具有的去中心化、去信任等良好特性，可以在"大数据"的基础上为构建实现跨国价值转移的强信任背书。

对于传统金融和互联网金融而言，人们对于区块链更感兴趣的可能是降低成本、提高经营效率等方面因素。因为区块链技术无论应用于支付，还是应用于数据记录、监管等方面，都会大大提高效率、降低成本。此外，区块链技术还可以应用于大宗商品交易、程序化交易、智能合同等方面。

在过去的几年里，关于区块链的探讨从 1.0 逐渐上升至 2.0。其中 1.0 就是以比特币为代表的加密数字货币，而 2.0 则指的是以智能合约、去中心化证券交易为代表的其他应用。

在未来，区块链无疑会有更大的发展空间。例如，在公证、征信、审计、清算、财务公开等领域，区块链技术会受到很高的重视。德勤认为，区块链技术能够实现数据的不可更改性和永久性，又可以降低记账的成本，可以解决审计行业历年来需要满足监管部门和公众要求的难处。本文也将重点从这些角度，给大家理清和分析区块链未来究竟有哪些场景可以落地应用，并如何产生巨大商业价值。

1.3 区块链的基本特征

用一句话来说清楚区块链是用来做什么的：区块链，让我们从"信息互联网"跨越到"价值互联网"。大众在提及区块链时，常指的是第四种最大的范围，即"账本 + 网络 + 协议 + 货币"。在产业中，人们在提到区块链时，通常指的是第三种范围，即"账本 + 网络 + 协议"。而很多软件开发者在说起区块链时通常指的是第二种范围"账本 + 网络"，即分布式账本加去中心网络。

我们可以从以下四个特征，更加全面地了解什么是区块链。

区块链的四大特征之一：不可篡改性。区块链最容易被理解的特性是不可篡改。不可篡改是基于"区块 + 链"（block+chain）的独特账本而形成的：存有交易的区块按照时间顺序持续加到链的尾部。要修改一个区块中的数据，就需要重新生成它之后的所有区块。

共识机制的重要作用之一是使得修改大量区块的成本极高，从而几乎是不可能的。以采用工作量证明的区块链网络（比如比特币、以太坊）为例，只有拥有51％的算力才可能重新生成所有区块以篡改数据。但是，破坏数据并不符合拥有大算力的玩家的自身利益，这种实用设计增强了区块链上的数据可靠性。

通常，在区块链账本中的交易数据可以视为不能被"修改"，它只能通过被认可的新交易来"修正"。"修正"的过程会留下痕迹，这也是为什么说区块链是不可篡改的，篡改是指用作伪的手段改动或曲解。

在现在常用的文件和关系型数据中，除非采用特别的设计，否则系统本身是不记录修改痕迹的。区块链账本采用的是与文件、数据库不同的设计，它借鉴的是现实中的账本设计——留存记录痕迹。因此，我们不能不留痕迹地"修改"账本，而只能"修正"账本。

区块链的数据存储被称为"账本"（leger，总账），这是非常符合其实质的名称。区块链账本的逻辑和传统的账本相似。比如，我可能因错漏转了一笔钱给你，这笔交易被区块链账本接受，记录在其中。修正错漏的方式不是直接修改账本，将它恢复到这个错误交易前的状态；而是进行一笔新的修正交易，你把这笔钱转回给我。当新交易被区块链账本接受，错漏就会被修正，所有的修正过程都记录在账本之中，有迹可循。

将区块链投入使用的第一类设想正是利用它的不可篡改特性。农产品或商品溯源的应用是将它们的流通过程记录在区块链上，以确保数据记录不被篡改，从而提供追溯的证据。在供应链领域应用区块链的一种设想是，确保接触账本的人不能修改过往记录，从而保障记录的可靠性。

区块链的第二大特征：表示价值所需要的唯一性。不管是可互换通证（ERC20），还是不可互换通证（ERC721），又或者是其他提议中的通证标准，以太坊的通证都展示了区块链的一个重要特征：表示价值所需要的唯一性。

在数字世界中，最基本单元是比特，比特的根本特性是可复制；但是价值不能被复制，价值必须是唯一的。之前我们已经讨论过，这正是矛盾所在：在数字世界中，我们很难让一个文件是唯一的，至少很难普遍地做到这一点。这是现在我们需要中心化的账本来记录价值的原因。

在数字世界中，我们没法像拥有现金一样，手上拿着钞票。在数字世界中，我们需要银行等信用中介，我们的钱是由银行账本帮忙记录的。

比特币系统带来的区块链技术可以说第一次把"唯一性"普遍地带入了数字世界，而以太坊的通证将数字世界中的价值表示功能普及开来。

对于通证经济的探讨和展望正是基于在数字世界中，在网络基础层次上，区块链提供了去中心化的价值表示和价值转移的方式。在以以太坊为代表的区块链 2.0 时代，出现了更通用的价值代表物——通证，从区块链 1.0 的数字现金时期进入到数字资产时期。

区块链的第三大特征：智能合约。从比特币到以太坊，区块链最大的变化是"智能合约"。比特币系统是专为一种数字货币而设计的，它的 UTXO 和脚本也可以处理一些复杂的交易，但有很大的局限性。而维塔利克创建了以太坊区块链，他的核心目标都是围绕智能合约展开的：一个图灵完备的脚本语言、一个运行智能合约的虚拟机（EVM），以及后续发展出来的一系列标准化的用于不同类型通证的智能合约等。

智能合约的出现使得基于区块链的两个人不只是可以进行简单的价值转移，而且可以设定复杂的规则，由智能合约自动、自治地执行，这极大地扩展了区块链的应用可能性。

当前把焦点放在通证的创新性应用上的项目，在软件层面都是通过编写智能合约来实现的。利用智能合约，我们可以进行复杂的数字资产交易。

区块链的第四大特征：去中心自组织。到目前为止，主要区块链项目的自身组织和运作都与这个特征紧密相关。很多人对区块链项目的理想期待是，它们成为自治运转的一个社区或生态。

在讨论区块链的第四个特征去中心自组织时，其实，我们已经在从代码的世界往外走，涉及人的组织与协同了。现在，各种讨论和实际探索也揭示了区块链在技术之外的意义：它可能作为基础设施支持人类的生产组织和协同的变革。这正是区块链与互联网是完全同构的又一例证，互联网也不仅仅是一项技术，它改变了人们的组织和协同。

如果说比特币是区块链 1.0，那么以太坊把区块链带入了新的阶段。在讨论以太坊时，如果要总结两个关键词的话，那么这两个关键词分别是智能合约和通证。我们会更愿意从互联网的历史中找寻它的意义，重复之前的类比：作为价值表示物的通证，它的角色类似于 HTML。在有了 HTML 之后，建什么样的网站完全取决于我们的想象力。

现在，很多人提出区块链 3.0 阶段，即不再仅把区块链用于数字资产的交易，而是希望将区块链应用于各个产业和领域中，从互联网赋能走向区块链赋能，从"互联网 +"走向"区块链 +"。

将信息互联网的发展历程作为对照来展望未来，信息互联网最早是传递文本信息，但它真正的爆发是后来出现的电商、社交、游戏以及和线下结合的 O2O ——也就是应用。未来，真正展现区块链价值的也将是各种现在未知的应用。

第 2 章　数字经济下全球各国区块链战略

当今世界正处于第四次产业革命，其标志为通过融合大数据、物联网、人工智能、云计算、量子通信、区块链等关键技术，构建新一代产业体系。

作为第四次工业革命的关键技术，全球主要国家均在积极发展和布局区块链技术。回溯近现代历史，18 世纪的第一次产业革命推动人类社会进入了蒸汽时代，19 世纪的第二次产业革命使人类社会跨入了电气时代，20 世纪中后期的第三次产业革命使全球进入信息时代，实现信息互联。

当今世界正处在第四次产业革命当中，其标志为通过融合大数据、物联网、人工智能、云计算、量子通信、最新移动通信、虚拟现实和区块链等关键技术，构建实体与虚拟网络互联互通的新一代产业体系。历史早已证明，每一次新的产业革命都会带来国际政治经济格局的重新洗牌。

自改革开放以来，中国的综合国力不断增强。特别是在21 世纪的今天，由于多个产业方向的关键技术已在全球范围内达到了前沿水平，中国已经具备了未来加速发展区块链技术、全面推动产业互联的可能。

2.1 国际权威机构对区块链发展的前景展望

2019 年，德勤公司对在全球范围内 12 个主要国家和地区的企业高级执行官们进行问卷调查，发现这些高级执行官基本形成了如下共识：区块链技术能在许多行业中成为商业问题的实际解决方案，区块链的价值已不再只是展望。同时，问卷调查结果显示受访者对区块链总体持乐观态度，86%的受访者认为区块链技术将最终成为主流。53%的受访者将区块链技术置于公司前五的发展策略方向，其中中国受访者的这一比例最高，达到 73%。德勤在其 2019 年的调查问卷报告中认为，金融业将是拥抱区块链的先行者，也是推动其发展的最主要力量。

2018 年的达沃斯世界经济论坛专门推出了《区块链白皮书》，一方面向人们警示由区块链热潮引发的一部分泡沫，另一方面也肯定了区块链技术对产业的实用价值。该白皮书指出，企业家应该从商业需求出发，思考区块链的独特优势能否产生商业价值。

高盛在《2016 年"区块链"研究报告》中预测区块链技术将在未来的 2—5 年内出现小规模的市场应用，并在未来

5—10 年获得市场的广泛认可。该报告认为，区块链技术的主要商业价值在于其透明、安全、高效的特性；区块链技术能有效地帮助被低效率问题困扰的企业，改变其商业模式。

据 2019 年 11 月《中国电子报》的报道，2018 年的全球区块链市场规模已达 122.6 亿元，其中规模最大的是美国。虽然目前中国的市场规模与美国有一定差距，但保持着十分强劲的增长势头。

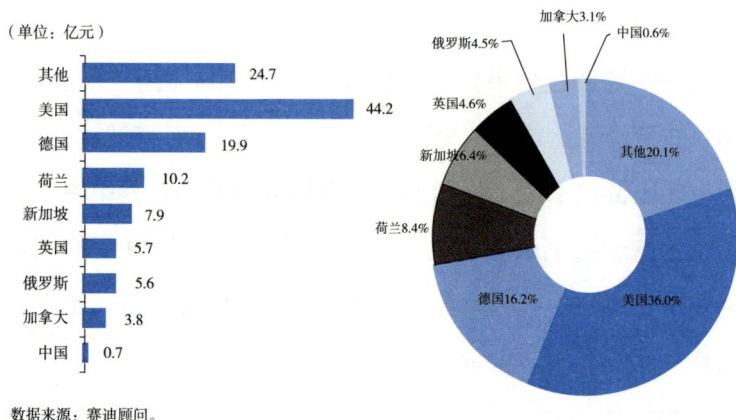

数据来源：赛迪顾问。

2018 年全球区块链区域市场结构图

从区块链投资规模来看，中美之间的差距已显著缩小。根据 Insights 公司 2019 年 7 月的研究报告，2014—2019 年，全球区块链投资额的 30% 在美国，排名第一；其次为中国，占总额的 15%。而在全球区块链专利数量方面，中国已经反超美国。截至 2018 年，在已提交的区块链相关专利中，41％来自中国，排名第一，其次是美国，占 32％。总体来说，在全球区块链竞赛中，中国市场有非常大的成长空间，中国自主的区块链技术与相关行业企业也在迅猛发展。

2.2 中国政府对区块链发展的解读

2019 年 10 月 24 日，中共中央政治局首次就区块链技术发展现状和趋势进行集体学习。我国在区块链领域拥有良好基础，要加快推动区块链技术和产业创新发展，积极推进区块链和紧急社会融合发展。

习近平总书记用四个"要"为区块链技术如何给社会发展带来实质变化指明方向。

一要探索"区块链 +"在民生领域的运用，积极推动区块链技术在教育、就业、养老、精准脱贫、医疗健康、商品防伪、食品安全、公益、社会救助等领域的应用，为人民群众提供更加智能、更加便捷、更加优质的公共服务。

二要推动区块链底层技术服务和新型智慧城市建设相结合，探索在信息基础设施、智慧交通、能源电力等领域的推广应用，提升城市管理的智能化、精准化水平。

三要利用区块链技术促进城市间在信息、资金、人才、征信等方面更大规模的互联互通，保障生产要素在区域内有序高效流动。

四要探索利用区块链数据共享模式，实现政务数据跨部门、跨区域共同维护和利用，促进业务协同办理，深化"最多跑一次"改革，为人民群众带来更好的政务服务体验。

2019年10月24日，习近平总书记在中央政治局第十八次集体学习时强调，"我们要把区块链作为核心技术自主创新的重要突破口""加快推动区块链技术和产业创新发展"。党中央的前瞻判断，让"区块链"走进大众视野，成为金融资本、实体经济和社会舆论共同关注点。

从网络强国到大数据，从媒体融合到区块链，中央政治局集体学习瞄准技术变革前沿，展现出党中央的方向把握力、前瞻判断力和未来预见力，引领着中国产业变革和经济转型的步伐。中央政治局这次集体学习，专门强调"区块链"，为区块链的发展和应用打开了想象空间。

2020年初，一场始料未及的疫情迅速蔓延至全国，并以超出想象的方式对社会经济的方方面面带来持续、广泛而深远的影响。

在疫情的冲击下，数字经济引领社会经济发展已成为全球共识，互联网、大数据、云计算、5G、人工智能、区块链等新兴技术应用于各个行业、各个领域，不仅能在最近的特殊时期发挥奇效，快速促活经济，并创造新的服务需求；更能在未来长期的发展中引领产业及技术革命，成为驱动全球经济增长的新动能。

我国政府在战略的高度对经济发展与产业布局进行了系列政策调整，尤其是"新基建""经济内循环"的提出与推进，对应变国际形势动荡、拉动我国经济内需、打磨企业核心竞争力、促进国民经济繁荣发展等具有重大意义。

2.3 新基建加速推动中国数字经济转型升级

2020 年 4 月，国家发改委明确新基建七大建设范围（即"5G 基站、新能源汽车充电桩、大数据中心、人工智能、特高压、城际高速铁路和城市轨道交通、工业互联网"），提出"以新发展理念为引领、以技术创新为驱动、以信息网络为基础，面向高质量发展的需要，打造产业的升级、融合、创新的基础设施体系"的目标。可见新基建的侧重点之一为信息数字化的基础设施建设。

为更科学地推动我国数字经济发展和产业转型升级，实现国家生态化、数字化、智能化、高速化，国家提出"新基建"发展理念，建立以现代化经济体系为目标的国家基本建设与基础设施。与传统基建相比，新型基础设施建设内涵更加丰富，涵盖范围更广，更能体现数字经济特征，能够更好地推动中国数字经济转型升级；且新型基础设施建设更加侧重于突出产业转型升级的新方向，体现出加快推进产业高端化发展的大趋势。

我们在向内聚焦国家经济发展的同时，也时刻注意着国际环境的变化。受疫情冲击和中美关系影响，当前世界"去贸易全球化"大有愈演愈烈的趋势。中央政府提出经济"内循环"概念，这意味着"新基建"投资需更加注重实效性。2020 年 5 月以来，特别是全国两会以来，习近平总书记多次强调，加快构建以国内大循环为主体、国内国际双循环相互促进的新发展格局。"内循环"是应对当前世界格局和国际形势的应变之举。要实现国内经济大循环，重振中小企业就显得尤为重要。让消费者产生购物需求和消费能力、让企业恢复生产和销售、让社会经济形成良性市场秩序——这对中小企业来说，恰好是促进企业数字化升级转型、扩大市场规模、寻找新的经济增长点的重要契机。

2.4 产业区块链成为"新基建"关键技术板块

新冠肺炎疫情大流行制约着全球各国生产、经济和贸易的同时，也在改变着人们的生活方式和消费习惯。其中最显著的变化是越来越多人选择线上购物消费、越来越多企业选择线上交易支付，数字经济的价值在此时前所未有地凸显。因此，这场席卷全球的疫情同样成为我国研发"央行数字货币 DCEP"的助推器。

2020 年 10 月 11 日，中共中央办公厅、国务院办公厅印发了《深圳建设中国特色社会主义先行示范区综合改革试点实施方案（2020—2025 年）》，支持开展数字人民币内部封闭试点测试，推动数字人民币的研发应用和国际合作。2020年 10 月 12 日 18 时起，深圳向普通市民发放的 5 万个数字人民币红包开始使用。央行数字货币的发行应用对于推动我国数字经济加快发展具有划时代意义。

经过不断地丰富和完善之后，区块链技术其实已经进入到一个相当成熟的发展阶段。同时，以大数据、云计算和人工智能为代表的新技术开始完成对传统生产要素的深度改造，数字经济的崛起就是这种现象的直接体现。这个时候，我们用区块链技术对这些数字元素进行深度改变有了可行性，区块链与产业的融合同样开始变得顺理成章。

从某种意义上来讲，最近几年区块链技术的发展变化要比以往很长一段时间的发展变化都要快速和迅猛，区块链行业已经从一个蹒跚学步的婴儿，开始真正发展为茁壮成长的青壮年。当区块链开始成熟，一场以区块链的落地和应用为主打的全新产业开始上演，产业区块链成为一个行业发展的主题。

产业区块链其实是用区块链技术去重新建构传统行业运行体系的问题，而不是现在人们认为的用区块链技术对传统行业进行底层改造的问题。所谓的重新建构其实是要将传统的、业已形成的发展逻辑进行重新建构，它带来的不仅是底层的、内部的深度转变，而且还带来了表层的、外在的彻底变革；而所谓的改造则是对传统行业进行简单地缝缝补补，并未真正改变传统行业的本质。如果我们把产业区块链定位为一个改造的过程，而不是一个重新建构的过程，那么，所谓的产业区块链或许仅仅只是一个与互联网技术相类似的存在，从而失去一次对行业进行深度改造的绝佳机会。

区块链技术的集成应用在新的技术革新和产业变革中起着重要作用。产业区块链的出现其实是区块链技术发展的必然，同样是新技术对传统产业进行深度改造的必然。当这两种必然开始深度融合到一起的时候，我们看到的是一个全新的概念——产业区块链的出现。作为一种相对较为基础的技术，区块链技术其实早已不再是我们理解的金融体系的一种模式，而是变成一种在食品溯源、法律公正、版权保护等诸多领域都可以应用的技术。从这个逻辑上来看，所谓的产业区块链其实同样打开了一个缺口，将原本属于金融体系的区块链开始拓展到了更多新的领域和新的行业当中，一场有关区块链的发展新时代开始来临。

第 3 章 产业区块链的悄然来临

产业区块链是基于区块链的技术和商业模式，对各垂直行业的产业链和内部的价值链进行重塑和改造，从而形成价值互联网形态和行业生态。

当"新基建"的概念被明确，区块链位列其中，这让迟迟无法找到突破口的玩家们看到了未来和希望，把区块链看成是一种新技术，成为数字货币之外的全新发展方向。

产业区块链是基于区块链的技术和商业模式，对各垂直行业的产业链和内部的价值链进行重塑和改造，从而形成价值互联网形态和行业生态。产业区块链的提出既是偶然也是必然，其概念源于人们对产业互联网的理解，并进而将区块链技术所对应的价值互联网的理念与产业相结合，形成了产业区块链的思想。从产业区块链入手，我们可以很好地理顺区块链技术、企业管理与产业经济之间的关系。从技术角度讲，区块链的本质是人工的市场智能。产业区块链无疑是区块链赋能实体经济的最佳通道，也是新技术推动社会变革的新场景。从企业角度讲，企业家在推动企业发展的过程中利用产业区块链，无疑是企业脱颖而出的新机会。从国家角度讲，推动产业区块链的发展，无疑是国家竞争力系统提升的最佳着力点，是国家产业提升的新抓手。

3.1 区块链带来的技术创新和变革

为什么说产业区块链是赋能实体经济的最佳通道，也是新技术推动社会变革的新场景？"赋能"顾名思义，就是给谁赋予某种能力和能量，通俗来讲就是你本身不能，但我使你能。它最早是心理学中的词汇，旨在通过言行、态度、环境的改变给予他人正能量。

2018 年下半年，比特币及各类数字货币大跌，空气币归零反映出很多基于区块链的商业应用缺乏实际的价值与资产支撑，经过两年的验证被市场证明是低效的、无效的。在中国更加严格的法律法规监管下，仅是金融类应用的加密数字货币将会在国内毫无意义。在这种情况下，区块链基本认知从技术、金融应用，即将到应用落地时代，其中最重要的就是产业区块链化。产业区块链化将更加推动区块链产业化，将真正实现区块链作为生产关系的科技促进生产力提升。产业区块链的核心是对整个互联网底层进行重构，用算法和程序建立信任，让价值在互联网上自由流动，重新定义现实世界中的各个实体产业。

因为区块链的本质是市场智能，市场智能的构建比人工智能更加复杂，也将有助于形成更公正和更高效的市场。在公有链、私有链、联盟链的选择中，运用联盟技术的产业区块链是最成熟且务实的技术应用场景，最契合智慧社会构建的三要素。

3.1.1　区块链是基础架构

区块链作为一种全新的可信计算体系框架，共享账本是核心，可信连接是纽带，密码学是基础，共识机制是制度保障，智能合约促进应用生态繁荣。在这样一套框架体系之下，信任成为区块链技术最大的输出。在经济社会中，信任很大程度上影响交易成本的高低，对于降低整个经济社会的运行成本具有重要意义。

从狭义来说，区块链是所有交易的公共总账，由按照时间顺序记录了交易的数据区块的链条所组成。从广义来说，区块链是基于计算机算法的市场。市场是协调所有交易、实现共赢的中枢神经系统。从未来看，包括商品交易、服务交易和金融交易在内的所有交易都将在区块链上进行，而不仅仅是"数字货币"的发行和支付。这将更好地促进经济的转型和升级，从而造就更聪明和更强大的企业，形成更公正和更高效的市场。

3.1.2 联盟链技术与产业区块链

区块链有私有链、联盟链和公有链之分。私有链是由一个公司的内部节点组成的区块链，通常由单个公司组建和维护，不存在中心节点，但是拥有一个会计核算中心。联盟链是由多个企业和机构、一个产业或一个行业的多个节点组成的区块链，由多个关联节点组建和维护，不存在中心节点，但是拥有多个会计核算中心。公有链是由经济体内部的开放节点组成的区块链，不存在中心节点，但是拥有货币发行和流通的能力。目前，全球各主要经济体都普遍公认：联盟链技术可以广泛运用于产业区块链的构建上，而产业区块链的构建可以维护社会公平正义、产业高效发展，又不至于对国家管制权（特别是铸币权）产生影响。

3.2 企业脱颖而出的新商机

运用产业区块链能够对目前的产业生态进行改进，提升监管和保障能力，从而将市场资源整合成一个全面开放的网络结构，构建充分的信用。同时，在市场引力的驱动下，新的产业生态将促使产生协作和交易的"大爆炸"，实现价值的海量交易和迅速流转。

3.2.1 数字新技术

新的数字技术层出不穷，已形成体系。数字新技术主要由五大新技术组成，包括大数据技术、云计算技术、物联网技术（特别是结合 5G）、区块链技术及人工智能技术。其中，大数据为数字资源，云计算为数字平台，物联网为数字传输，区块链为数字信任，人工智能为数字智能，五大新技术相互融合实现万物互联、在线和智能。数字技术是新的数字基础设施。同时，数字化需要数字安全技术，共同保障数字化的持续发展。

3.2.2 企业的数字化转型

企业数字化转型的重心是提高数字化能力，对此应集中解决三大关键性问题。首先是用户主导。数字化商业模式是用户主导企业，企业的一切都围绕用户需求，企业要从经营产品转向经营用户。

其次是技术融合。在企业内外部互联化和企业业务在线化的基础上，围绕业务场景将数字技术与专业技术交互融合，即 DT 与 OT 的深度一体化。在决策层应用数据与算法提供智能解决方案，在执行层应用数字技术实施解决方案。在数字化过程中，既要发展产业互联网，也要发展好价值互联网。

最后是组织创新。数字化要求企业进行组织创新，将层级型组织转向平台型组织，以产业区块链的思维来构建产业生态。按照任务与项目实施"区块链+"的自驱动组织，这是个体力量崛起的必然要求。

实际上，在当前全球经济下行的状态下，企业如不拥抱以人工智能与区块链为代表的新技术，则不仅得不到相应的内、外部投资，而且将逐步失去其市场份额，同时还将为竞争对手推动的产业区块链化而付出成本。

3.3 数字新业态

数字经济推动新模式、新业态的不断发展，集中起来主要表现为平台经济、共享经济、生态经济和社群经济等，其共性体现了经济服务化的大趋势。

第一，平台经济。平台是数字经济的基本载体，它包括以供应链为主导的企业平台和以产业为主导的行业平台，通过整合资源与能力进行全方位服务。

第二，共享经济。从独占到共享是资源革命，其服务方式主要有生活共享、生产共享和知识共享等。

第三，生态经济。产业生态组织是产业发展的新方向，企业在产业生态体系中实现共生共创共担共享，成为自主发展的新型组织。

第四，社群经济。社群是具有共同价值观人群的自由联合体，网红和微商成为社群的主体，充分发挥社群的组织作用将创造出全新的价值。所有新模式、新业态都要成为数字化能力中心。

3.3.1 数字红利

数字经济是先进生产力，具有巨大的数字红利。根据联合国专家的数字模型，当一个国家、地区、城市的数字化水平超过 75%，在不增加投资的情况下，其 GDP 将是原来的 3.5 倍。根据智能制造示范企业的实践，实施企业全面数字化，三年后价值创造能力将提高 3—5 倍。传统经济中广泛存在"四不"现象，即不连接、不匹配、不协同、不及时，致使价值大大流失。数字经济由于网络协同和数据智能，使系统获得最优解，从而达到"精准、高效、即时、预判"的优化状态，从而大大提升了经济效率，这便是数字红利的机制所在。

3.3.2 数字经济"三化"

数字经济包括数字产业化、产业数字化、货币数字化。首先是数字产业化，发展数字产业主要有数字硬件业、数字软件业及数字服务业。其次是产业数字化，所有产业包括农业、工业、服务业都要数字化。实施"产业区块链"和"人工智能＋"，数字技术与实体产业相融合，将重组产业组织，重构产业生态，大幅度提升价值创造能力。最后是货币数字化，货币数字化有两大类，即货币电子化和"数字货币"，发展"数字货币"势在必行。整个金融产业都要率先实现数字化。

第4章　企业数字化势不可当

> 数字经济是现代化经济体系的重要组成部分，是全球竞争的新领域与制高点。

　　毫无疑问，2020年疫情加速了企业数字化的进程，使得企业数字化变革全面扩展到产业发展的方方面面。面对突如其来的变化，企业亟须解决迫在眉睫的生存问题、获得持续发展的动力、增强抵御风险的能力，对于大多数中小企业而言，数字化转型已势在必行。

　　在2020年9月15日举行的2020线上中国国际智能产业博览会线上峰会上，有业内人士指出，数字化的趋势没有改变，以前只是让一些企业活得更好，而今天这是企业活下去的关键。数字化的进程本来可能需要三五十年才能完成，现在却被大大地加速了，这个过程很可能缩短到一二十年。在我们面临的所有不确定当中，数字化是我们现在最确定的巨大机遇。

4.1 企业数字化转型趋势

近年来，新一代信息技术快速发展，信息化与经济社会广泛、深度融合，数字化转型已成为社会各界共识。在瞬息万变的今天，无处不在的创新让市场变化极为迅速，稍有松懈就会被竞争对手所超越，这让企业始终面临无时无刻、无处不在的挑战。无论是互联网企业还是传统实业企业，大家都在加强自身的数字化转型。

从国家政策看，中国经济发展已进入"新常态"阶段，数字化转型也被高度重视。近年，以创新和技术为推动的"互联网+""中国制造2025"战略，以及供给侧结构性改革、"一带一路"等策略，无疑都指明了一个大的发展方向，那就是大力推动传统产业的数字化转型。

从技术发展看，传统行业"上云上链"成为趋势，SaaS和PaaS同时成为云计算和大数据领域的新动力。越来越多中小企业乃至大中型企业对云计算有了重新认识并进行相应战略布局。

据统计，中国中小企业数量超过3000万家。作为中国数量最为庞大、最具活力的企业群体，中小企业不应缺席数字化转型的大潮流。在过去几十年间，中小企业的发展成长迅猛，对数据和信息的需求愈加旺盛，数字化转型需求可谓势不可当。

4.2 智能化带来的颠覆性改变

4.2.1 数字化转型进入智能化阶段

企业数字化转型已进入智能化阶段。很多企业通过互联网技术进行了"核心系统改造、移动技术应用、分析认知、流程自动化、机器人和自动分析"等数字化改造。随着技术的发展和普及，数字化转型将更趋于智能化。

智能化浪潮将通过重塑企业发展格局为企业带来颠覆性改变，这一变化是由表及里、层层深入的。企业经营发展的重心已经悄然从推动边际效益，发展到转变底层业务逻辑，包含业务模式、推广营销模式等。这些转变一方面为企业带来前所未有的发展机遇，另一方面，企业不得不面对来自人才、技术、数据等领域的挑战。

企业智能化将带来一系列颠覆性的改变，在很多领域将打破原有的天花板。智能化技术可以帮助企业精简业务流程、改善用户体验、优化产品设计、节约生产成本、增加企业利润等，从而达到降本增效、提升企业竞争力的目的。此外，企业还可以通过智能化收集市场、用户、产品等数据，以极低的边际成本为客户提供定制化的服务和产品支持。

随着技术的发展，智能化数据能够提供具有业务价值的市场洞察分析，增强企业决策能力，协助企业制订基于大数据分析的战略发展计划，从而提升企业经营业绩、降低运营风险。面对非传统竞争者和商品化市场，智能化数据分析还能开发尚未涉及的细分市场和盈利机会，推动产品服务的迭代和商业模式的创新。

4.2.2 智能化加速企业创新

企业在数字化转型过程中，改变了我们对企业的评价标准。过去评价企业通常会用到诸如"资产负债率、利润、净资产"等财务指标，但随着技术的发展，企业开始越来越多地关注于一个新的非财务类指标——创新的速度。善于利用数据化和智能化技术的企业，往往比它的竞争对手发现精准的客户需求、降低更多的企业成本、挖掘出更多提升运营效率的新思路，这样的企业在市场上自然具有更强大的竞争力。

用机器取代人脑，用智能分析取代人脑决策，企业可以从数据中总结出远远超过人脑能够总结出的规律的数量、窥见被忽略的商业机会，从而加快企业创新的速度。

4.3 企业数字化转型价值

①增加产品销售额

受到疫情的冲击，人们的消费需求和购物途径发生改变，不可避免地影响到很多传统企业的产品销量，有的产品销量甚至出现断崖式下跌。通过企业数字化转型，企业可以打破时间和空间的限制，把产品分销到更广的地区，尤其是到达线下没有实体店的地方。数字化渠道可以展示更多的产品线，而且往往能通过在线零售跳开中间商，在同行业中提供更有竞争力的价格、获取更多的客户。

②促进顾客互动交流

企业数字化转型可以基于真实的用户交互场景和全渠道沟通模式，构建价值驱动的营销分析和决策支撑。通过全渠道客户交互数据，构建客户洞察分析模型，为企业与客户之间所有的营销、销售和服务活动提供有力支持。

③降低运营成本

降本增效是每个企业面临的问题，缩减研发周期、提升运营效率、加强推广效果、降低企业成本等是企业发展的趋势。而物料储备、研发制造、商品库存、产品宣传、人力资源等都可以通过数字化方式优化，从而达到提升效率、优化资源配置、增加营收、降低成本的效果。

④扩大品牌影响力

越来越多的大品牌开始重视并积极实践在线品牌塑造，并在主流社交网络及社交媒体上建立起良好的品牌形象。社交网络已经成为企业与顾客沟通的重要渠道之一。通过社交网络，企业与消费者之间不仅能够相互交流，也能获得更多有效反馈，而社交和口碑的力量也将成为未来决胜的关键因素。

⑤增加服务体验价值

数字化可以增加品牌附加值，比如线上购买能兑现积分、促销活动能参加抽奖、客户服务能延长时间等。利用互联网和用户产生互动，随时为用户提供一对一服务，从购物、咨询到售后，为用户提供一站式体验服务。

4.4 企业数字化相关政策

近年来，中央部委、各级地方政府陆续出台一系列支持企业数字化转型的政策，推进数字经济发展，帮助中小企业提升创新发展能力。下面摘编国家出台与企业数字化转型相关的主要政策：

① 国家发展改革委　中央网信办印发《关于推进"上云用数赋智"行动　培育新经济发展实施方案》的通知（发改高技〔2020〕552号）

该通知旨在为深入实施数字经济战略，加快数字产业化和产业数字化，助力建设现代化产业体系，实现经济高质量发展。从打造数字化企业、构建数字化产业链、培育数字化生态三方面明确了数字化转型的三大发展目标。

该通知中提出了六个主要方向，包括：筑基础，夯实数字化转型技术支撑；搭平台，构建多层联动的产业互联网平台，推动平台、产业、政府协同发展；促转型，加快企业"上云用数赋智"，普惠、低成本、快速赋能中小微企业，推动企业转型升级；建生态，建立跨界融合的数字化生态，推动传统企业进行商业模式创新；兴业态，拓展经济发展新空间，发挥数字经济蓄水池作用，推动新经济发展；强服务，加大数字化转型支撑保障，鼓励地方政府通过购买服务、专项补助等方式推动平台关注中小微企业。

②《工业和信息化部办公厅关于推动工业互联网加快发展的通知》（工信厅信管〔2020〕8号）

该通知包含新型基础设施建设、融合创新应用、安全保障体系、创新发展动能、产业生态布局、产业政策支持等6大领域共20项举措。在加快新型基础设施建设方面，提出要改造升级工业互联网内外网络、增强完善工业互联网标识体系、提升工业互联网平台核心能力、建设工业互联网大数据中心；在拓展融合创新应用方面，提出要积极利用工业互联网促进复工复产、深化工业互联网行业应用，促进企业上云上平台，同时加快工业互联网试点示范推广普及；在健全安全保障体系方面，提出要建立企业分级安全管理制度、完善安全技术监测体系、健全安全工作机制、加强安全技术产品创新；在壮大创新发展动能方面，提出要加快工业互联网创新发展工程建设，深入实施"5G+工业互联网"512工程，增强关键技术产品供给能力；在完善产业生态布局方面，提出要促进工业互联网区域协同发展、增强工业互联网产业集群能力、高水平组织产业活动；在政策支持方面，提出要提升要素保障水平、开展产业监测评估。

③ 工业和信息化部办公厅关于印发《中小企业数字化赋能专项行动方案》的通知（工信厅企业〔2020〕10号）

该通知旨在统筹推进新冠肺炎疫情防控和经济社会发展工作以数字化、网络化、智能化赋能中小企业，助力中小企业疫情防控、复工复产和可持续发展。该通知明确了行动目标、13项重点任务和4项推进措施。

在13项重点任务方面，强调要：利用信息技术加强疫情防控，利用数字化工具尽快恢复生产运营，助推中小企业上云用云，夯实数字化平台功能，创新数字化运营解决方案，提升智能制造水平，加强数据资源共享和开发利用，发展数字经济新模式新业态，强化供应链对接平台支撑，促进产业集群数字化发展，提高产融对接平台服务水平，强化网络，计算和安全等数字资源服务支撑，加强网络和数据安全保障。

4.5　企业数字化面临困境

①数据架构建设

数据是企业数字化最重要的组成部分。对于需要部署智能化的企业，数据的质量、深度和广度尤为重要。企业往往面临数据格式不统一、数据过于碎片化、数据架构无法匹配现阶段需求、数据无法获取与应用等问题。

②技术基础设施

企业需要构建一套新的技术体系以支撑企业数字化应用实施，而更高的技术要求、更快的迭代升级、更广的技术领域，往往导致企业在数字化转型的构建过程中缺乏方向与战略从而举步维艰。

③定制化业务流程

在企业数字化时代，数据规模方面的竞争对于维持企业优势将更为重要。企业收入不是来自标准化的产品服务，而是来自高度定制化的产品和通过人工智能所实现的个性化互动。在数字化的世界中，服务提供者将因其创建高度契合的匹配链接能力而脱颖而出。客户不会因为更换供应商很困难而留存下来，而是因为他们的供应商所带来的收益要优于其他机构。

④企业组织架构

传统企业组织架构的各个方面在数字化转型面前显得过时，复杂、低效的流程将制约企业的快速应变和发展，原有部门价值定位难以适应企业数字化带来的变化。同时，各个部门在利益驱动下可能阻碍企业转型进程。

⑤市场与监管

现有的监管制度难以跟上新兴技术的步伐，从而给企业数字化的部署造成障碍。监管与技术达成一致存在较大的复杂性，这个过程需要长时间的完善。

⑥人才与文化

人才是推进企业数字化建设的核心动力，无论在企业内部还是人力资源市场中，符合要求的人才都相当匮乏；同时企业受限于过往的招聘框架与薪酬体系而在人才竞争中错失补充关键人才的机会。

根据调查，大部分企业并没有构建数字化转型企业文化的主观能动性和初步计划。领导者能力与转型定力不足，各层级组织未形成统一认识，企业内部难以形成向企业数字化转型的合力。

第 5 章　产业区块链的生态矩阵

数据正在重新塑造人类生活的方方面面，其中包括金融、广告、零售、医疗、物流等行业。

随着互联网的普及，信息交流传递的成本快速降低，效率大幅提升。互联网造就了现代社会的基石——信息实时同步传递。信息本身不具备价值，但当信息结合信任，产生公信力，便具备了价值。就如一张百元的借条（信息），当获得双方签字画押（信任），便有了价值。可以说，信任是铆接信息和价值的螺钉。对于产业而言，区块链的核心应用则是极大地降低了信任关系交流传递的成本，提高了效率，即构建起了信任传递网络。因此，当互联网遇到区块链，可信信息的自由传递也就构成了价值传递网络。随着区块链技术的普及，新一代互联网将会使信任和价值犹如信息般在网络间自由交流传递，企业间的隔阂也将会随之打破，真正实现产业互联。信任和价值传递网络的构建也将会如信息互联网的诞生那样，对许多传统商业逻辑造成降维打击，并催生新的业态、新的独角兽。

5.1 构建社会价值网络：守住数据安全的底线

在普遍社会信任的基础上，价值流转才会产生。区块链技术以其去中心化、难以篡改、不可抵赖、可信任、可验证等特点实现了信任传递，与此同时，也意味着背后的价值流转网络正在形成。

区块链技术成为构建企业价值网络的不二选择。在通常的区块链应用场景中，涉及数据拥有方和数据使用方的申请、批准、结算等可以通过区块链来完成，从而大大降低交易成本，提高协作效率。而安全计算部分则需要形成另外一个网络，可以称之为链下网络，两者一起来实现数据的融合计算。同时，在建设价值网络方面，区块链作为新的数字化价值网络的重要基础设施，可以发挥积极的作用，特别是在通证化和智能合约（协作机制）方面。

通证可以定义为数字化的可流通的权益证明。在价值网络中，通证可以用来表达股权、债权、使用权、应收账款等各类资产，也可以用来对利益相关方进行相应的激励。随着企业契约的数字化和自动化，智能合约将能够实现更广泛的运用，经济分工将在互联网时代进一步细化，更广泛的社会协同将得以实现。

企业重构价值网络的步骤如下：

一是数字化：让客户在线，让员工在线，让产品在线，让业务在线，让管理在线；

二是区块链化：针对价值网络利益相关方，实现基于区块链的价值协同；

三是通证化：作为数据和价值的载体，平衡利益，促进协同，构建新的商业模式。

5.2 大数据融合的关键：数据安全

① 数据是资源更是资产

数字时代的各种产品和服务在提供给消费者直接价值的同时，也产生了大量的数据。随着人工智能时代的到来，现代商业活动中的各种数据成了新的资源。数据正在重新塑造人类生活的方方面面，其中包括金融、广告、零售、医疗、物流、能源和工业等。与此同时，数据本身的价值也在不断被挖掘。数据日益成为现代商业与个人的核心价值与重要资产。在探讨数据价值时，一个很重要的概念是大数据的融合价值，即数据的总和比部分更有价值。当多方大数据聚合重组时，聚合的数据价值比单个数据价值的总和更大。例如，在普惠金融方面，中国人民银行征信通过以往在金融机构中的借贷等行为形成了一部分人的信用数据，但是这类人群只占社会总人数比较小的比例。如果想让更多人能享受到普惠的金融服务，就需要针对不同的人群设计不同的产品。而这需要进行更多信用数据的积累，其中包括电商、消费、社交等数据。

② 大数据融合的痛点在数据安全

大数据经过整合重组，从而产生额外的融合价值，但要实现这个过程并不简单。数据本身的可复制性和易传播性，使得数据一经分享就无法追踪其使用情况，数据权益难以保障，这导致数据资产的分享与协同开发受到严重制约。一方面，拥有数据源的中小型公司找不到合适的权益分享模式，无法安全地将数据共享或变现；另一方面，对于数据使用者、大数据公司、科学家而言，仅能接触到有限的数据集，并且费用高昂。企业对数据协同开发的强烈需求和对数据权益保护的要求，构成了一对天然矛盾。解决这对矛盾的一种方案是委托安全可信的第三方对数据进行整合与分析，而不直接把原始数据发给数据使用者。然而，现实中越是重要的数据越难找到足够可信的第三方，而且第三方掌握过多数据，若监管不当，后果也同样严重。

如何在保护数据安全的情况下充分实现数据的协同开发，进而产生融合价值，这是目前大数据行业发展中的最大痛点，同时也意味着巨大的产业机会。通过技术手段创新性地解决这个问题，将为大数据行业带来广阔的发展空间。

5.3 区块链助力多方安全计算

① 多方安全计算与区块链

在保护数据隐私的前提下，如何进行数据融合计算？这个问题也被称为多方安全计算问题。图灵奖获得者、中国科学院院士姚期智教授曾以著名的百万富翁问题来说明多方安全计算，即在没有可信第三方的前提下，两个百万富翁如何不泄露自己的真实财产状况来比较谁更有钱。解决这个问题的技术已经相对成熟，如同态加密（**HE**）、秘密分享和不经意传输等。随着大数据时代的到来，这个问题变得更加复杂：如果有几万个富翁希望分别比较他们名下不同类型的各种资产呢？问题的关键在于数据融合的参与方既有共同利益——比较各种资产，也有互相矛盾的利益——参与方都想在不透露自己资产分布的同时探知他人的资产分布。

区块链技术较擅长的就是解决利益矛盾的相关参与方的信任传递问题，如智能合约和数字确权。区块链技术为寻求可信的第三方整合分析数据提供了新的解决方案，即通过结合多方安全计算与区块链技术，重构数据融合场景下相关参与方的价值网络。

② 被保护数据的价值探索

在数字化时代，如何确保数据安全、不被随便复制的情况下使用数据，是目前大数据行业发展的痛点。毫不夸张地说，如果不解决这个矛盾和问题，大数据行业的发展将被大大制约。

令人欣喜的是，在解决这个矛盾的过程中，产业界已经在积极探索并取得不少成果，融合多方安全计算、区块链等多种技术，形成了多层的链上链下网络结构，同时还包括证书链、智能合约及通证化。在数据融合的背景下，数据保护问题为区块链技术提供了广阔的应用前景。

第6章 产业区块链的落地

产业区块链不仅是一项技术范式，更是一个财务系统，是去中介、强监管、用户共同维护的分布式账本，还是一种产业互联网升级，是网络空间中各种互联网资产的分布式管理系统。

产业区块链的核心价值点是着眼于生产关系改进和产业效率的提升。典型的区块链行业解决方案不但可以在本行业推广，还可以被跨界复制。充分把握区块链的核心价值和技术特点，对于推动区块链的产业应用落地非常关键。

对于新时代的企业家来说，典型的案例和模板有非常大的借鉴意义，值得深入探讨。

6.1 产业区块链的典型场景和商业模式

产业对区块链的强需求领域有三个显著特点：

一是对信息真实性要求高、相互信任成本很高的领域。这些领域急需区块链这样的低成本信任工具的支持，让不同合作伙伴基于最基本的真实可信的信息，进而构建业务场景中彼此之间的商业互信。

二是交流效率低、达成共识的成本很高的领域。区块链可以帮助业务伙伴在基本商业互信的基础上形成商业共识，降低业务沟通成本，推动业务合作的达成。

三是对价值高效流转有强烈需求的业务场景。区块链的通证应用非常便捷高效，是形成新商业模式的利器。

① 区块链的典型商业模式

区块链在各产业生态中的落地应用越来越多。为企业和社会提升效率、降低成本，是区块链技术被社会广泛接受和应用的必由之路。从产业效率提升的角度聚焦区块链的核心价值点，是发掘区块链适用的产业生态和具体商业模式的关键。

当前区块链技术应用最典型的商业模式有以下几种：如可信存证和监管、基于可信存证的泛社会化的信用体系、基于通证的行业应用、基于虚拟商品价值流转的应用场景等。

这些典型的区块链商业模式融合和汇聚产业资源，就可以形成有效的区块链行业解决方案。就像互联网的发展一样，早期的典型基础商业应用就是浏览器、搜索、邮箱等有限的几种，随着软硬件条件的升级和更多产业资源的汇入，逐步形成了如今无孔不入的全面的移动互联网生态。

② 融合新技术和行业生态协同发展

除了依托自身的商业模式，区块链技术还可以和大数据、物联网、人工智能、云计算、量子通信、最新移动通信、虚拟现实等最新科学技术深度融合，推动围绕这些新技术的生态体系的迭代和发展，构建全新的商业模式。

如果把区块链理解为数据确权，那么，物联网传感器就是前面的数据入口，为区块链提供需要确权的数据；5G 就是数据传输的通道；云就是数据的存储空间；大数据、人工智能、虚拟现实就是被区块链确权数据的下游使用方。这些新技术通过和区块链深度结合，将会带来商业模式的突破。

传统的行业生态都有和区块链的结合点：为产业链提高效率，降低成本，实现更多的新动能。如何把产业生态的痛点和区块链解决方案有机地结合起来，是对未来区块链产业应用落地的挑战，也是对广大企业家们的考验。

6.1.1 可信存证和可信监管

区块链的典型技术特点就是链上数据的难以篡改。这看似不经意的一小步，已然是对传统商业经济模式和社会组织模式的巨大挑战，必将给未来的社会发展带来翻天覆地的影响。

传统数据库的数据，包括重要部门的关键数据，都存在被意外修改的可能性。无论是互联网的各种评论刷单，还是彩票和抽奖造假，甚至各种监控信息的篡改和丢失，都说明了社会上对可信存证拥有强烈的需求，其应用价值是非常巨大的。

① 鉴权存证

电子数据易篡改、易灭失的特性既困扰屡遭侵权的数字内容生产者，也为司法取证带来了难题。传统的互联网侵权维权成本高、取证难度大、涉案金额小，使得数字内容成为盗版侵权的重灾区。区块链分布式的可信数据存储和流程痕迹化的技术特点，以及便捷的分享和小额收费机制，为上述问题提供了很好的解决方案。

结合区块链的数字内容保护是众多企业开始参与的产业方向，本书第 6 章详细介绍了多个与数字内容相关的区块链落地应用案例，包括"内容版权 + 区块链""融合媒体内容安全 + 区块链""数字出版 + 区块链"。

在杭州互联网法院采纳区块链取证作为判案依据后，最高法院也在新规中对区块链存证取证专门作出了解释，并认可了区块链与司法结合的应用创新。

② 防伪溯源

通过条码、二维码、**RFID** 或者其他模式的赋码技术赋予商品溯源码，消费者可以通过手机扫码功能回溯商品的生产、运输、流通、销售等环节信息，企业也可以对商品生命周期进行全程跟踪管理。

基于区块链防伪溯源的商品，可以有效可信地追踪和串联从生产到销售的全链条，从而形成完整的产业生态协作，实现上下游不同环节、不同产业生态之间的资源共享和融合发展。

基于区块链的可信商业数据，以及各参与单位和个人的有效信用数据，这些数据本身就具有极大的商业价值。通过数据价值的挖掘和合理分享，原有商业生态的价值可以大幅提升。

③ 可信监管

社会上有大量的场景涉及可信监管，如政务、环保、财务、公益慈善和政府补贴等。这些应用场景都面临着如何确保原始监管信息的真实可信，以及如何确保历史监管信息不被修改和灭失的问题。区块链可信数据存储和流程痕迹化的技术特点，在可信监管领域可以发挥巨大的作用。

对于越来越多的物联网应用领域，区块链系统可以轻松提供物联网设备识别、身份验证、数据确权、安全可信的数据传输等功能，使设备部署更加简单、安全。物联网传感器在安全机制授权的情况下，无须第三方支持即可直接与其他设备和平台交换数据，通过全网公证保护物联网设备数据的真实可信。

6.1.2 新一代信用体系

回顾人类社会的发展历史，社会信用不但是人类社会道德伦理、关系维护、生存发展的重要基础，更是个人、企业乃至政府的巨大原生资源。有了信用，人和人之间、人和企业之间、企业和企业之间、社会和政府之间以及人和万物之间才能形成有效的商业活动，从而形成一种以信任为基础的经济关系和社会关系。

古人云，"人无信不立，业无信不兴"。从个人来讲，无论是上班、上学、组成家庭，还是做生意、创业、交友，没有哪一项不是建立在各自的信用之上的。从社会来讲，有效地开拓和利用社会信用这种资源，有助于推动经济发展，优化资源配置，促进产业升级。

但是，现代社会的信用维护体系是非常局限和单薄的。以央行为核心的个人征信体系和以工商局为重要组成的企业征信体系，固然由于所属单位的权威性有相当的公信力，但是能被采集收录的信用数据维度和数量都是极其有限的。大量个人和企业的重要行为信息无法进入征信体系，无法形成全面、有效的用户画像，更无法为个人交往、企业经营提供便捷的数据支撑和有效帮助。这里的关键核心，就是大量个人和企业的行为数据无法确定真伪，无法被官方征信体系采信。

在现实的人际交往中，极其单薄的官方社会征信体系的作用极为有限，大量的社会交往都是和熟人进行，相当数量的商业活动也是发生在熟悉的客户之间。这种熟人（熟客）关系，本身就是一种存在于老百姓每个人心里的完全自发的信用体系，它独立于任何官方社会征信系统。同时，这个系统的运转模式非常成熟（千百年社会发展的支撑），发挥的效力巨大，而且嵌入每个人生活的方方面面。更有意思的是，这种体系是完全分布式的，无法篡改，互为备份，永远有效。可以这样说，官方社会征信体系和百姓心里的社会信用系统一道，才构成了我们整个社会完整的信用系统。

区块链上数据的真实可信和难以篡改，让个人和企业能够呈现自身的可信行为数据。这本质上就是用区块链技术再现了千百年一直在顺利运转的百姓心里的社会信用系统，从而有可能真正构建起包括官方社会征信体系和各种维度民间分布式信用系统在内的全面的社会化普遍信用，从而事实上形成维度全面、分布式构建和管理、方便调用的新一代社会信用体系。

从广义来说，这种新一代的社会信用体系包括用户的商业行为记录、社会行为痕迹和行为画像。它具有巨大的商业价值，必将成为区块链产业应用的关键场景。

以真实可信的分布式社会化信用为基础，将可以孕育全面的多维度的商业和社会信任，从而以多方互相信任为纽带，构建组织、企业和社会新的普遍共识。共识形成是人类社会组织运作、公司经营发展的一个重要支点。在共识形成的基础上，真正的人际关系、业务来往、商业协作和公司体系才能有序发展。

基于共识的社会化协同，可以形成新的产业生态、商业模式、利益共同体和新的社会治理体系。

区块链技术的行业应用，本身就是在自身的行业生态中构建分布式的信用体系的过程。如何通过区块链手段，把这些分布式的信用体系串联起来，形成一个大型的社会化的分布式信用体系，这其中孕育着巨大的商机。

6.1.3 通证的商业应用

通证是区块链应用的一个亮点，通过在区块链上定义的真实可信、可追溯、可交易的通证（区块链资产包），结合现实的产业应用场景，可以实现应用的区块链化，实现商业模式的迭代和升级。

① 精准激励和小额结算

区块链积分是最典型的通证应用，它做到了产生有源、应用有处、流转可查、价值锚定、兑换便捷。作为区块链资产，每一个积分的每一个动作都有真实可信的区块链记录做背书，从而让积分从单纯的标的变成了流程明晰的商业运作载体和工具。为积分的每一个发放动作、每一个流转行为、每一个兑换动作进行赋值和价值定义，就可以赋能实体产业的经营行为，并对业务行为进行精准推动和数据发掘。

不同于传统中心化系统的积分（这些积分系统和客户业务系统、数据平台强耦合），区块链积分可以在不同的区块链底层之间流转，在不同的业务系统之间便捷通用。通过连通线上、线下和不同品牌商家，可以实现商业生态内外合作伙伴之间的价值交换、异业合作、相互引流。

推而广之，其他区块链通证，如区块链数据标的、区块链商品标的、区块链资产标的、区块链商务标的，都可以具有上述同样的功能和属性。区块链标的自带的兑换和结算功能极其便捷和低成本，可以方便支持小额结算，满足现有法币支付系统难以进入的细碎但应用面极广的业务场景。

② 即时清结算

基于以区块链为基础的可信业务数据和商业行为，可以把真实业务场景的信息流、商品流、服务流、资金流多流合一，并结合价值载体通证，实现快速对账和即时清结算，极大地提高业务效率。传统业务场景不同业务主体之间的对账和结算，本身需要多维信息和凭证相互印证，不仅浪费时间，效率也很低。通证作为结算的价值载体，可以在其中实现即时清结算的关键作用。

在即时清结算的基础上，通过引入各种与金融相关的服务，可以实现信贷服务、金融增值业务、内部票据化流转等功能。

③ 供应链金融票据

供应链金融是非常有价值的产业应用。区块链以其数据真实可信、多流合一和即时清结算的优势，能够在供应链金融应用场景中发挥巨大的作用。这也是很多区块链公司努力的主要落地方向。

依托区块链通证，可以便捷地落地供应链金融票据业务，充分发挥通证模式的优势。便利的通证票据在产业链应用、金融应用中可以发挥巨大的作用。

6.1.4 虚拟产品的流转

虚拟产品是非常适合区块链的产业应用。知识产权、电子出版物、电子音像资源、设计、创意、服务、公益等领域，都是区块链可以大显身手的地方。

① 虚拟产品流转

虚拟产品和实物产品一样，是人类社会商品需求的重要组成部分。虚拟产品非常容易和区块链通证绑定，建立唯一的映射关系，让通证全面代表该虚拟产品的内在价值，通过通证的流转实现价值流转和交易。

知识产权是典型的虚拟产品，但是缺乏有效的价值载体和清晰可追溯的流转途径。这导致知识产权一方面缺乏有效的管理和保护能力，另一方面又缺乏便捷、高效的流转和交易通道。所以，知识产权一直难以实现真正有效的互联网商品化运行。时至今日，知识产权相关的管理模式仍然和前互联网时代类似。

区块链的真实可信、可追踪和流程痕迹化，特别是结合非标准的商品定义和估价场景，非常适合知识产权这样的应用。全面地应用区块链技术，有可能真正激活始终死气沉沉的知识产权市场。

② 权益和服务的价值流转

权益和服务也是非常典型的区块链应用场景。一方面，权益和服务这样的虚拟产品急需有效的背书及内容锚定，其价值的高低很大程度上和一系列的前置约束条件紧密相关，而这些条件都需要真实可信的定义和适用范围。另一方面，权益和服务对应的都是高流通的场景，必须依赖一系列的市场交易和确认行为来维持价值。价值崩塌带来的很可能是市场的萎缩和消失。

因此，依托区块链技术构建的垂直行业的虚拟产品、权益、服务交易市场，未来将会有很大的发展空间。

6.2 产业区块链应用推广存在的瓶颈

当前，产业区块链在很多垂直应用领域都在进行积极的尝试，但是大规模的商业应用落地还未出现。

一方面，产业用户对区块链的认知有一个逐步提升的过程。在没有出现典型行业示范案例之前，理解产业区块链并不容易。受炒币的负面影响，社会上部分人士对区块链仍然存在较大的误读，对产业结合区块链的方向缺乏认同或有比较大的疑虑。在 2019 年 10 月 24 日中共中央政治局第十八次集体学习的新闻发布之后，这种情况才有了相当大的改观，很多企业家和政府官员开始积极学习和了解区块链，质疑的声音在减少。

另一方面，产业区块链落地仍然存在比较高的技术门槛，也缺乏可借鉴的商业模式引导，对于传统的产业用户来讲有比较大的挑战。如何帮助产业用户找到快速有效的落地模式，不但需要产业用户、行业咨询人员的学习和努力，更需要区块链从业人员在技术便捷度和应用工具上为产业用户做好服务。

还有一个重要的因素，就是虽然很多地方政府也在准备出台对区块链产业应用的指引和对当地企业的扶持措施，但相关政策出台存在一个过程。单纯依赖企业自身的力量，不足以快速突破产业区块链的认知、技术、资金门槛，这亟待社会全方位的推动和支持。所以，如何让区块链赋能实体产业，对各地政府和企业家来讲，既是挑战，也是机遇，值得社会各界共同推动和努力。

6.2.1 产业区块链的人才瓶颈

任何产业的发展都离不开高水平人才的支持。区块链的人才瓶颈十分突出，而且存在明显的结构性矛盾，亟待解决。

① 区块链人才现状

在产业区块链推广的背景下，区块链人才的匮乏显而易见。程序员里面真正懂区块链，有密码学、分布式计算背景的高级开发人员本身就不多。而且，区块链不仅仅局限在技术层面，从深层次可以将区块链看作是对商业逻辑的重构——能懂这方面内容的人才就更加稀缺。

会写代码的人有很多，但从技术层面上升到产业理念层面需要很大的思维转变，也需要有大量的产业经验的积累。产业应用有很高的业务门槛，不是简单地懂一些区块链基本概念就可以轻言给产业赋能的。区块链技术如何有机地结合产业生态，如何用清晰的商业模式可以让行业企业能看懂和效仿，这才是关键。

在现有的高水平区块链人才中，有相当一部分是来自于早期的有技术极客背景的区块链爱好者，他们更愿意关注于区块链技术本身，对于比特币、以太坊、瑞波币、EOS、超级账本等技术有较多的积累，但是对产业场景方面的了解有限。将比较技术化的区块链逻辑，生搬硬套到产业应用场景，不仅效果生硬，而且很难得到产业用户的认同。

大型互联网公司和行业巨头对区块链人才的渴望和收罗，也加剧了中小型产业用户获得区块链人才资源的难度，指望找到既了解区块链又能够将区块链结合产业实践的人才更加困难。

国内人才的运营能力很强，但是基于产业实践的创新力不足。所以，产业实践的区块链人才缺口不仅包括系统架构工程师、应用开发工程师，还包括行业咨询顾问、安全专家、商业运营专家等一系列相关行业人员。没有行业创新和新商业模式的构建，区块链产业应用很难大面积落地。

② 区块链人才培训逐步填补缺口

区块链人才一方面来自传统互联网和软件行业，另一方面则来自教育培训体系。

来自传统互联网和软件行业的程序员们需要加深对区块链的理解与领悟，并且需要有一定的和产业结合的经验。随着区块链的持续升温，这方面的供给会持续增加。大型区块链企业的离职区块链人员、早期的区块链极客们会持续地贡献人才。

高速发展的区块链市场对人才的需求量之大，专业性要求之高，都给目前的教育培养体系带来了艰巨的挑战。目前，国内部分高校已开始积极展开区块链教研课程，许多培训机构也推出了各类区块链培训网课，但仍然难以满足现有的人才需求市场。

一方面，传统的人才供给侧——大学、研究所和专科院校等培训体系存在诸多问题，如师资力量匮乏、课程难以跟上快节奏的行业需求变化和缺乏统一标准等；另一方面，培训机构虽然形式更为灵活，但是难以获得足够的优秀师资力量支持。如何整合各大学的优势师资资源，并对接快速变化的行业需求，是区块链人才培养的关键问题。多方协作才是解决之道。

区块链人才培养多方协作的一个成功案例是，上海人才培训市场与国家技术转移东部中心区块链产业中心合作开设的全球首个区块链与数字经济 DBA 课程。该课程联合香港商学院、马来西亚科技大学，在上海交通大学、复旦大学、南京大学、浙江大学、清华大学等众多高校的支持下，已经招收了两届博士生，为区块链人才培养的多方协作树立了样板。

随着区块链政策的不断落地，行业发展得愈加成熟，教育资源投入的持续增加，我国区块链人才招聘和培养体系将会日趋完善。这将逐渐缓解人才供需失衡的情况，为我国区块链行业在前沿技术的探索、行业应用解决方案的研究以及核心竞争力的培养等方面，源源不断地输送高质量人才。

6.2.2 产业区块链应用的掣肘

产业区块链的困局，既有技术方面的条件限制，也有人才、政策等资源方面的不足。

① 技术开发成本高昂

目前的区块链技术发展阶段有明显的技术门槛，相应的开发成本也非常高昂。一方面，需要深入了解区块链技术，找到区块链技术和产业应用的结合点。这要求基于各自垂直行业的具体特点，找到适用的技术和相关应用模式，不但需要有高水平人才，还需要不断地试错和尝试。

企业面临的主要问题是如何选择底层区块链。底层基础链相当于区块链的操作系统，是区块链产业应用的基础。据不完全统计，现在已经至少有数十个高水平的底层区块链平台项目。区块链平台的部署和维护需要多方面的技能，这对很多产业应用方来说都是不小的挑战。这些底层区块链不但技术上各有千秋，而且对不同产业应用的支持程度参差不齐，还不排除有很多和具体应用适配方面的陷阱。

另一方面，这些底层区块链未来的可持续提供服务的能力也不同。如果因为底层区块链团队的服务能力欠缺，导致未来无法获得长期的技术支持，那么，这对企业来说也是必须考量的风险。

站在企业的角度，一方面未必能够详细了解每一个底层区块链的优劣，因为不仅评估耗时耗力，而且需要的专业水平及决策后的试错成本也很高；另一方面，如果大量应用开发都基于具体业务和区块链底层技术的深度耦合，不但开发周期长、成本高，而且一旦需要调整和迁移将会非常困难。产业应用体系的构建能否适应多种区块链底层技术，使其具备良好的交互性和可扩展性，是区块链产业应用的关键。

所以，对于产业应用来讲，减少应用业务对技术的深度耦合，以及减少对底层区块链技术的捆绑和依赖，对于快速便捷的应用场景赋能尝试和试错非常关键。

② 缺少工具模板案例

互联网产业的发展过程非常值得借鉴。早期的互联网开发需要有不少定制化开发，这把很多缺乏技术能力的传统产业用户挡在了门外。现在无论是需要搭建网站，还是需要构建商城，包括各种小程序、App 和应用工具，都可以以非常低的成本和便捷的方式获得。这让大量的行业用户只需专注于自己的业务和生态本身，就可以低成本地做互联网业务模式的尝试。因此，对于互联网产业来说，一方面有大量的应用模板和商业模式模板可以借鉴，另一方面试错成本极大地降低了，可以在业务初期以极低的成本切入产业应用。

随着业务的发展，行业用户需要更加深入和高水平地开发服务。互联网行业不但提供了足够的人才储备，而且有大量的工具和案例可以借鉴，从而构成了一个良性的发展生态。

互联网的发展历程是区块链行业未来发展可以充分借鉴的模板，大量应用工具和商业案例的积累是必由之路。在当前区块链技术的较早期发展阶段，应为早期用户提供低成本、低门槛的进入通道，在发展中期为企业提供有效、可行的发展支撑，在后期为持续发展的产业生态提供连续不断的工具和能力服务。

6.3 快速落地区块链应用的途径

快速落地区块链应用的关键在于解决技术门槛问题，越过技术障碍的捷径就是"区块链即服务（BaaS）平台＋接入中间件"。前者解决了区块链底层平台构建问题，后者简化了对接流程，降低了应用难度。在技术支持的基础上，真正实现区块链的产业应用，则需要构建区块链综合应用平台。

①便捷的 BaaS 云平台

为了解决区块链难以被传统产业应用的问题，区块链即服务（Blockchain as a Service，BaaS）平台应运而生。BaaS 是一种新型的结合区块链技术的云服务，利用云服务基础设施的部署和管理优势，帮助用户快速建立所需的区块链开发和应用环境。BaaS 提供基于区块链的一系列基本操作服务，包括区块链查询、交易提交、智能合约等，让开发者可以创建、使用区块链，并安全、可靠地监控区块链平台运行。

从应用角度来讲，BaaS 主要架构有两部分：一部分是服务应用开发者的功能模块，包括资源申请、应用管理、可视化监控和底层区块链的调用；另一部分是管理员模块，包括用户管理、资源管理、系统监控和响应模块。BaaS 为开发者提供了几乎所有区块链相关的技术支持，简化了应用开发接入区块链的难度，降低了开发成本，推动了整个区块链行业的快速发展。

BaaS 平台需要提供多种区块链解决方案，为异构区块链底层平台进行封装，屏蔽功能的差异，并在上层为用户提供相同的应用服务能力。除此之外，BaaS 平台还能帮助开发者选择合适的类似智能合约的组件，支持跨链应用，最大化地应用每个底层区块链的优势能力。

目前，腾讯、百度、华为等科技企业纷纷推出了自家的 BaaS 平台。腾讯区块链 BaaS 开放平台定位于打造领先的企业级区块链基础服务，帮助客户从业务的角度理解区块链，专注于帮助企业快速搭建上层区块链应用场景；华为云区块链服务聚焦于区块链云技术平台建设，帮助企业在华为云上搭建企业级区块链行业方案和应用，共同推动区块链应用场景落地，打造基于区块链的公共信任基础设施和共赢生态。

区块链网络以及所需的计算、存储和网络连接资源，通过提供接口，让用户自由访问所申请到的区块链资源并进行调用。BaaS 同时提供简单易用的智能合约等功能的开发测试环境，方便用户对应用代码进行管理。

通过提供通用技术模块服务，如智能合约、IPFS、IOT 等技术支持，BaaS 可以大大降低区块链应用开发的门槛，加快应用落地的进程。BaaS 平台应跟进行业发展，兼容并提供相应的解决方案，帮助用户省去自行定制开发的时间，加速产品的迭代。

各垂直行业区块链应用的成熟将反过来催生新的通用需求，模式的成熟使共通性更加明显，这也是 BaaS 生态中不可或缺的重要环节。

BaaS 平台还可支持灵活、弹性的区块链配置。随着上链企业和应用的增加，平台所具备的区块链资源也会越来越多。具有弹性的体系架构可以通过增加区块链网络，或者增加其他相关资源，让应用系统增加业务承载能力。

平台提供直观的区块链可视化监控和操作界面，能够直观展示用户的应用在底层区块链平台的运行情况，并实时进行调整。BaaS 平台还需要提供对平台内各项资源和应用层的数据分析及响应能力，并提供便捷的预警及诊断分析的监控工具。

② 便利开发者的基础设施

a. 开发者友好

BaaS 平台需统一各个区块链的底层服务，通过使用高层语言降低区块链项目的开发难度。一键式搭建开发环境的功能，是使开发者不再为环境的搭建而感到烦恼的重要手段。

应用方无须购买额外服务，包括不需要再花费大量的金钱去购买存储服务、CDN 服务、带宽服务、计算资源等，从而在产品初期节省大量成本。

BaaS 平台提供一些通用的基础服务，如用户账号创建、授权、交易等。开发者可以直接调用这些基础服务，简化用链流程，从而避免重复和低级的工作，集中精力关注自己最有价值的业务开发。

b. 贴近传统中心化系统的用户体验

谈起区块链系统，必然要谈到区块链钱包、公钥和私钥、共识模式、并发量等一系列区块链专属的逻辑和功能。这对于习惯了传统电商、网银、互联网平台操作的普通用户来说，这些功能的相关体验是不太友好的。

在技术手段保证安全的情况下，用类似传统互联网平台的用户体验来完成必要的区块链操作，才有可能使区块链的应用具有更加广泛的适用性，更容易和产业应用相结合。而在应用的性能体验方面，如何超越区块链本身的条件限制，贴近中心化系统的功能和性能，是产业区块链能否广泛铺开的另一个关键。

c.面向应用的工具集

各个底层区块链都为开发者准备了各种客户端、开发工具集、开发环境等，以方便开发者在相应的链上创建 Dapp 应用。即便如此，真正想要从事区块链开发仍然不是一件容易的事情。仅仅是环境搭建就可能已经挡住了很多人，更遑论还要学习区块链相关术语或接口。

可以用标准化的接口让程序员能简单调用，而无须花费时间去搭建开发环境，仅仅读懂接口文档就可以掌握区块链的基本应用。这样传统行业乃至互联网行业的程序员至多只需要几天的学习就可以从事区块链开发，从而极大地降低产业应用接入区块链的门槛。

接入区块链不仅仅是支付等简单的操作，尽管外界对区块链会有这样那样的误读，但实际上区块链的应用场景非常多。而 BaaS 要做的就是让这些场景通过模块等方式落地，成为简单可实现的商用模式。

通过 BaaS 提供的工具集，用户完全可以根据自己的需求，自行组合出适合自己业务需要的区块链应用。

6.4 产业区块链的技术发展方向、应用领域及典型落地案例

产业区块链作为一种深度融合实体经济、赋能传统产业、传递信任、促进协作的底层基础软件，具有去中介、难篡改、可追溯、多方互信等特性，有望在金融证券、社会征信、电子政务、5G 通信、工业互联网、装备制造等领域大规模应用。

6.4.1 产业区块链的技术发展方向

产业区块链在技术发展方面提出了更高的要求，需要从技术的各个维度实现全方位的突破。

① 产业区块链的概念及特征

产业区块链不仅是一项技术范式，能够建立对价值转移的完美协议，实现新的共享机制；更是一个账务系统，是去中介、强监管、用户共同维护的分布式账本；还是一种产业互联网升级，是网络空间中各种互联网资产的分布式管理系统。

产业区块链的典型特征包括但不限于密码数字对象、价值不可复制；数据来源可溯、数据权属明确；数据整合保障、数据产权清晰；交叉验证确保数据真实可信；激励交易体系为数字资产定价；等等。

② 总体发展要求

产业区块链因开放创新、公平共享、安全可控、赋能实体经济等特点，已成为数字经济的战略性支撑技术，构建可信任的机器解决方案，其技术发展需满足以下要求。

一是要走在理论的最前沿，即要满足拥有自主知识产权，基于国密和国际算法，支持隐私授权保护和千万级并发等技术要求。

二是要占据创新的制高点，既要有关键技术的创新突破，更要基于技术结合实体经济，为实体经济赋能，支持政务、民生、商业场景的创新应用，具备高质量、高安全、高效率的特性。

三是要取得产业的新优势，既要打造具有我国特色的产业链条，更要具备走得出去的能力，要立足全国、放眼世界，让我国区块链产品为全球各国提供简单易用、安全高效的信任建立和价值流转服务，让我国共识成为世界共识。

③ 技术发展路径

国内区块链严重依赖国外开源技术，缺乏进一步研究底层技术的动力。大企业过度关注项目盈利前景，不愿投入资金进行底层技术研发，极少有采用国密算法的，更没有实现具有自主知识产权的区块链平台软件，无法高效、安全地处理海量隐私数据。因此，产业区块链技术指标及发展路径需要满足以下要求。

④ 技术指标要求

一是在 RBFT 共识算法的基础上升级，实现在超过 1000 个共识节点的环境下，TPS 大于每秒 2 万笔，共识出块时间在 2 秒以内。

二是通过子母链架构实现更好的扩展性，实现平台的最大使用用户数可超过 10 亿用户，同时保证多链间的跨链交互。

三是在互联网上实现强随机数的链上生成和不可篡改。

四是平台实现分布式私钥控制、分布式 ID、多重签名、哈希锁定等功能。

五是平台实现高安全、高可靠的自主智能合约功能。

⑤ 技术发展路径

第一阶段：完成验证支持海量数据处理的自主可控区块链平台软件，支持国密的区块链私钥可信分发技术的技术思路，设计与实现算法模型；启动面向区块链平台软件建立安全、性能验证测试体系架构和方案设计。

第二阶段：突破自有知识产权 BFT 算法集合创新，完成 BFT 初步实现，搭建内部测试网，开发测试应用，提供应用所需的整套技术堆栈，支撑百万级别用户；突破国密的区块链私钥可信分发技术，基于代理重加密技术、阈值签名技术等，建立新一代区块链私钥管理系统，实现分布式私钥的生成、签名、托管和恢复；完成面向区块链平台软件的功能验证、性能评测、安全评估等层面区块链质量评估能力，开发测试工具、测试系统和测试平台。

第三阶段：完成区块链平台软件的分片技术，实现千万级别用户的正常功能；完善自主可控 BFT 算法并实现全部技术指标，验证各项技术参数；完成区块链隐私数据保护的解决方案，完善应用接口，实现多个应用实例，实现亿级别用户的正常功能，完成区块链平台软件测试认证技术试验。

6.4.2 产业区块链的典型落地案例

产业区块链技术正加速渗透、融合到各行各业，赋能实体经济，催生出新业态、新产业。本节梳理了部分典型的区块链应用案例，以供参考。

① 半导体芯片知识产权保护功能联盟链

案例简述：半导体芯片试制业务中存在芯片设计方、试制生产线等多个角色，为了进一步确认半导体芯片设计方案的知识产权归属以及生产工艺流程中的隐私数据确权使用，墨珩科技综合运用联盟链、分布式存储、智能合约等技术，解决了芯片设计方案的知识产权确权存证、芯片生产工艺参数的隐私加密、各角色行为记录的监管存证等问题。

② 供应链金融分布式存储服务平台

案例简述：奥拓金融信息服务链是奥拓电子与墨珩科技

合作研发的基于区块链技术和 IPFS 的支持金融行业应用的专有链，该产品可以为金融机构、政府及企业提供更安全、更高效的分布式存储服务。

③ 宁波保税区跨境供应链清结算平台

案例简述：基于国家金融政策层面的创新角度思考，结合当下中小微企业的发展需求，公司提出全业务链的数字金融解决方案，在宁波保税区管委会的引导支持下，面向进出口中小微企业、大宗商品贸易企业、跨境电商企业及服务贸易企业等服务群体，旨在帮助企业解决融资难、融资贵的问题，创建"易企融资服务平台"、B2B 跨境银联人民币结算通道，打造跨境贸易"数字银联"三大板块，以区块链、大数据应用、云计算等金融科技赋能监管、服务、运营规则制定的三大职能。

④ 大宗商品动产质押融资服务平台

案例简述：综合运用物联网和区块链技术，面向商业银行、保理、信托、保险等金融机构，提供仓储金融、货运金融、公共服务金融等多种供应链金融业务场景下的"动产质押监管服务"。围绕"一平台、三部曲、五系统"的建设目标，平台将按照"实物资产数字化、数字资产确权化、确权资产通证化"的业务逻辑三部曲，打造一个集智能物联网数据服务系统、资产上链确权系统、智能合约系统、业务协同系统、信用系统为一体的科技金融服务平台。

⑤ **基于区块链的汽车数据开放治理平台**

案例简述：汽车行业的信息化程度十分完备，在生产、销售、售后等各个环节都沉淀了大量的数据。数据安全的核心在于三个环节——存储安全、传输安全、使用安全。这也是数据管理（Master of Data）最核心的三个功能，我们综合运用区块链、IPFS、密码学、智能合约等技术，提出了一个打造数据开放安全工具的解决方案。

⑥ **区块链跨境汇兑平台**

案例简述：利用独特的子链技术（Micro Chain）、银关技术（Finance Gate）、分层设计架构、RBFT 共识（拜占庭共识）、IPFS 等高新信息技术，打造平等、可信的跨境支付网络，通过聚合 MTO、中小银行、中低收入客户，开拓全球每年 5000 亿美元的中小额汇兑市场，并与 SWIFT、Ripple 形成一线银行、中小银行、MTO 三足鼎立的市场格局。

⑦ **岳西县融媒体综合信息服务平台**

案例简述：基于国产自主可控区块链技术，针对县级融媒体平台的资源内容，在汇聚、传输、存储、制作、发布等环节进行篡改防护、存储安全防护及外泄防护。内容数据推送至村级各信息发布终端，产品保障各级终端信息发布内容的正确性、完整性、合规性、合法性，在满足县级融媒体平台内容数据安全的同时，兼顾终端内容数据安全。

⑧ 区块链电子发票

案例简述：东港股份与井通科技合作发布了区块链电子发票产品，该产品能够实现电子发票扫码、支付、开具、上链、链上查验、记账状态上链一体化管理。双方共同成立区块链研究实验室，共同对区块链的分布式数据存储、点对点传输、共识机制、加密算法等技术进行研究，充分运用区块链的去中心化、安全性、难以篡改和可追溯等特性，结合电子发票实际业务，利用井通区块链技术，以生态联盟链的方式构建税务部门、第三方电子发票服务商、区块链技术服务商、开票企业、受票企业"五位一体"的电子发票新生态。

⑨ 区块链电子合同

案例简述：天威云是天威诚信和井通科技联手打造的区块链电子合同应用，以电子签名法为法律基础，以数字证书和电子签名为底层技术基础，以互联网应用作为场景基础，通过公众服务平台网站、API/SDK、本地软件等多种组合方式提供电子合同产品及相关配套服务的应用平台。

BSN 是一个中国拥有自主知识产权，通过一套区块链环境协议将分散的云资源和数据中心连接起来形成的。

2019 年 10 月 15 日，由国家信息中心、中国移动通信集团公司、中国银联股份有限公司、北京红枣科技有限公司主导的区块链服务网络（BSN）正式发布。BSN 是一个中国拥有自主知识产权、中国控制入网权的全球化基础设施网络，对标互联网。互联网是通过 TCP/IP 协议将分散的云资源和数据中心连接起来形成的，BSN 是通过一套区块链环境协议将分散的云资源和数据中心连接起来形成的。企业将区块链应用部署到 BSN 后，无须了解其背后基于区块链技术的分布式存储、安全控制、授权访问策略等复杂逻辑，这些技术全部由 BSN 完成。随着业务的扩展，企业可以根据需要随时动态调整存储节点数量、存储容量、计算资源、网络带宽等服务，调整过程不会对其在运行的业务有任何影响。

区块链服务网络 BSN 打造的是跨云服务、跨底层框架和跨门户的全球性区块链服务基础设施。首先，BSN 以地级市为基本逻辑单元，在全国范围内建立 BSN 公共城市节点，这些节点由来自中国移动、中国电信、中国联通等电信运营商以及百度、华为、UCloud 等大型云服务商投入的云资源共同建成，可以让 BSN 的用户从不同的地域接入 BSN，并根据需求选择不同的云服务商。接入更高效，服务更稳定。其次，BSN 联合区块链主流框架公司，组成 BSN 底层框架适配标准工作组，共同构建国家及行业区块链底层框架业务标准，实现 BSN 多底层框架下的 CA、网关 SDK、密钥算法的统一。目前已适配包括 Fabric、FISCO、BCOS、CITA、XuperChain 等在内的 5 个主流许可链底层框架，未来还将继续扩展。BSN 几乎可以满足任何应用区块链技术的需求。最后，就像互联网一样，BSN 作为一个区块链网络的基础设施，上层基于多门户策略，任何有资源优势、有技术实力、有运营能力的单位都有机会建设基于 BSN 的区块链云服务门户，提供区域化、行业化的区块链云服务。

7.1 基于 BSN 建设省级区块链主干网络

回顾互联网的发展过程：几台计算机连接起来，互相可以传输信息，形成的是局域网；整个城市的计算机连接起

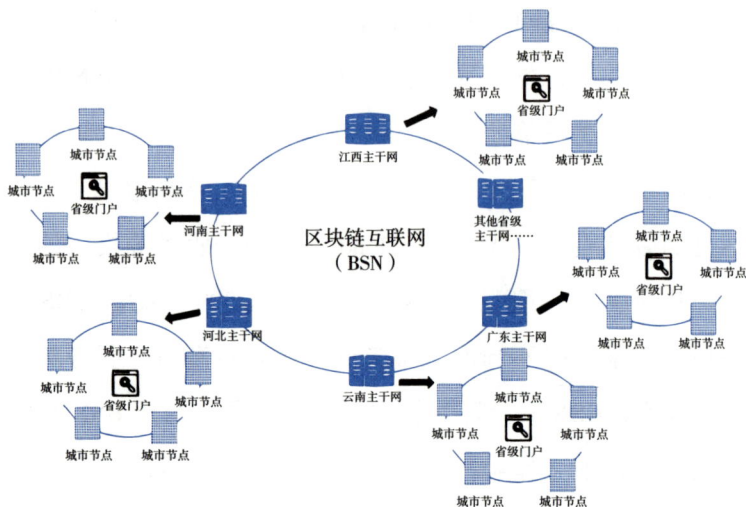

BSN 网络结构图

来，形成的是城域网；把城市之间连接起来的网就形成了骨干网，这些骨干网是国家批准的可以直接和国外连接的互联网。区块链服务网络 BSN 是基于互联网搭建的区块链基础设施，可以说是"区块链互联网"，其建设规划和发展路径与互联网相同。

在三大运营商和各大云服务商的参与下，BSN 目前已经在全国 80 多个城市建立了城市节点，形成了全球最大的区块链基础网络。随着区块链技术的普及，未来几乎所有与其他地方发生数据交互的信息化系统都会用到区块链技术，每个开发人员都需要掌握基本的区块链开发能力。基于 BSN 的便捷性和低价性，当前处于早期发展阶段的区块链行业很容易逐步建立起区块链产业生态，形成完整的产业链。但是，在实际操作中，作为 BSN 的建设方和运维方的 BSN 发展联盟无法真正深入每个城市，建立起整套地方运营机制和长效培训机制。

为了解决这一问题，中国移动提议基于 BSN 建立"省级区块链主干网"（以下称为"主干网"）。具体方案为：在每个省建立一个 BSN 门户，将省内已有或新增的城市节点纳入，与门户进行统一管理和运营。以一个门户为入口，三个中心（孵化中心、培训中心、运营中心）为基础，多个省内城市节点为资源，打造各省级区块链主干网的运营架构体系。每个主干网设有专门的运营公司，在当地政府的支持和三个运营商的配合下，各自分工，形成长期为当地企事业单位提供一站式区块链开发、部署、运营和培训服务。同时，依托主干网建立整合集云资源、门户运营、产品研发、技术培训、企业孵化、场景拓展、政府监管等于一体的全链条区块链生态。

7.2 省级区块链主干网络的运营与职责

BSN 是已经搭建完毕的底层网络，增加城市节点非常方便，只要把环境准备好，每个城市节点的建设不超过两个工作日。同时，BSN 赋能平台可以让任何公司非常灵活并方便地搭建 BSN 门户。因此，整个省级区块链主干网的建设是非常容易的，不需要任何大的投资。但是，建立一个长期稳定的运营机制，需要多方参与及共同努力。

BSN 发展联盟建议在每个省，主要由三家单位共同推进主干网建设：一是中国移动省公司。中国移动作为 BSN 的核心发起方和城市节点入网管理方，对 BSN 网络有着深刻的理解，可以协助政府来推动主干网的落实；二是省内一个地级市政府。因为具体的运营还需要有具体落地的地方和地方政府的支持。三是当地的一家运营公司，由中国移动省公司和地级市政府共同选择，并得到 BSN 联盟认可。下面是在主干网建设和运营过程中三方的责任分工。

第一，地方政府：不需要进行任何基础设施的投入。主要工作是给与主干网相关政策的支持，为三个中心提供场所，管理孵化中心。支持政策包括：给予在主干网上发布区块链应用的省内企业一定的 BSN 资源费补贴（例如首年 2000 元），以及基于 BSN 研发的产品销售后返税等。除了政策和场所外，政府最重要的工作是推广和普及主干网，例如由政府信息化主管部门出面，每周召集 50 家企业的开发人员到培训中心，由主干网的运营方和 BSN 发展联盟为开发人员进行技术培训。每年可举办 50—100 场，在几年内让省内所有技术人员逐步掌握区块链知识和主干网的具体使用，为长期打造省内的区块链生态打下人才基础；可以通过孵化中心，结合培训机制和主干网优秀的区块链研发条件，培养一批当地基于区块链的新型创业企业，并孵化出高质量的区块链产品和应用。

第二，中国移动省公司：中国移动省公司主要协助地方政府落地主干网项目，同时提供省内的云资源和网络环境，为主干网提供城市节点。这里强调一下，中国移动虽然是BSN的核心发起方，但也遵循 BSN 开放的理念，提出主干网的城市节点应由三家运营商共同提供。除了云资源外，中国移动也将参与主干网的推广和培训，并依托主干网生态和产品，为省内各级政府和企事业单位提供高质量的区块链信息化服务。

第三，运营公司：主干网的运营公司必须为落地地级市的企业。该企业不仅要具备一定的云服务和网站的运营经验和资质，最重要的是要认可区块链技术长期发展的方向，能够在成本可控的情况下，有耐心地建立主干网的长期运营机制，不以赚快钱为目的且不烧钱。运营公司必须由地方政府和中国移动推荐，并由 BSN 发展联盟确定。运营公司需要根据 BSN 赋能平台的接口，建设自己的门户网站，包括用户管理体系和收费系统（具体网站架构可以参考目前 BSN 官网 bsnbase.com）。在建设过程中，BSN 发展联盟将提供技术支持。门户建立后，运营公司主要负责为省内科技企业提供主干网的区块链应用部署服务、培训、产品推广、项目承接等工作，并收取相关费用。主干网门户内发布区块链应用，可设置为首先选择省内城市节点的资源，并有条件开放省外或国际节点，这样可以保证首先销售本省内的云资源。BSN 底层架构非常灵活，每个门户都有绝对的自主权。具体网站设计和运营细节，可以在项目落地过程中，各方共同讨论形成具体方案。

这种基于 BSN 建立省内区块链基础设施的模式，投入成本最少、实施周期最短、见效最快。区块链技术的应用目前还处于相对早期，但其发展非常快速，成为未来数字化新经济重要组成部分的趋势已不可逆。通过基于 BSN 打造省级区块链主干网，可以让区块链开发者和用户快速、低成本地开发和使用区块链技术，降低企业使用区块链的技术门槛和成本压力，从而激活产品和服务创新的能力。最终，将在省内形成一个囊括区块链技术、产品和云服务在内的大平台，打造出本地化的区块链生态结构，从而进一步带动本地的经济发展。

7.3 合作签约与实施部署

如果有地级市政府对主干网项目的落地感兴趣，请直接联系省移动或地方移动分公司询问详细情况。

基本的合作签约与实施部署流程如下：

首先，运营公司需与当地政府、省移动的相关部门，基于上述运营模式进行洽谈，并签署关于省级主干网络的合作协议。

其次，协议签署之后，BSN联盟将授予运营公司省级区块链主干网运营资质。

再次，运营公司在拿到BSN的授权资质后，与BSN指定技术方签署省级主干网门户建设协议以及与国家信息中心下的BSN结算公司签署结算协议，并启动省级主干网门户的建设。

最后，由BSN技术方与运营公司的团队共同组建项目组，完成省级主干网门户的建设和实施，直到顺利上线运行，后续由运营公司长期经营和运维。

需要说明的是，组成省级区块链主干网的城市节点不能少于5个。除了中国移动外，其他两家运营商也应当加入，也可以邀请省内其他拥有对外营业资质的云服务商。

第 8 章 数字经济下金融和智慧城市领域的区块链应用落地案例

区块链技术本质上是一个分布式账本，能够让数据账本安全可信，有助于智慧城市建设降低成本，增加协同和提高效率。

　　区块链技术本质上是一个分布式账本，通过其不可篡改、去中心化、可追溯等特点，能够让数据账本安全可信，有助于智慧城市建设降低成本，增加协同和提高效率。智慧城市的各项数字化平台在区块链技术的改造之下，基础功能和应用可以得到大幅度扩展。

　　从 2001 年 12 月中国正式加入世贸组织之后，中国保险业就进入了全面发展的阶段。2004 年底保险业结束加入世贸组织的过渡期，率先在金融领域实现全面对外开放。保险业也成为我国金融体系中开放时间最早、程度最高的行业。伴随着中国经济的快速发展，中国保险业的资产也开始迅速发展。截至 2020 年 6 月，中国保险业总资产达到了 219792 亿元，增长迅猛。

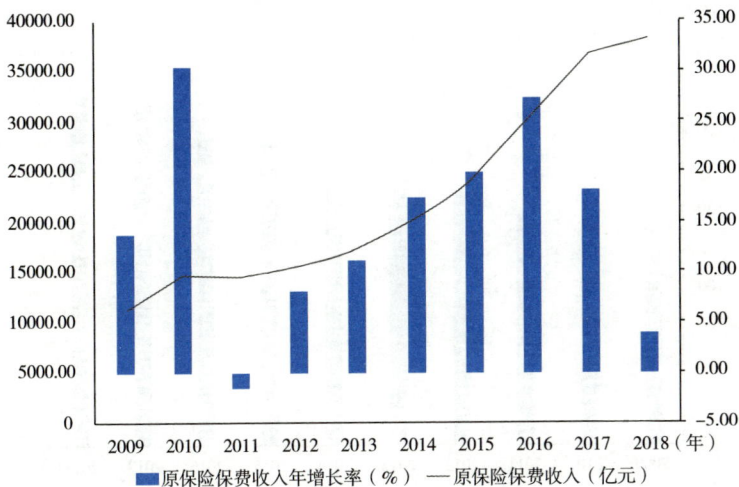

2009—2018 年中国的原保险保费收入

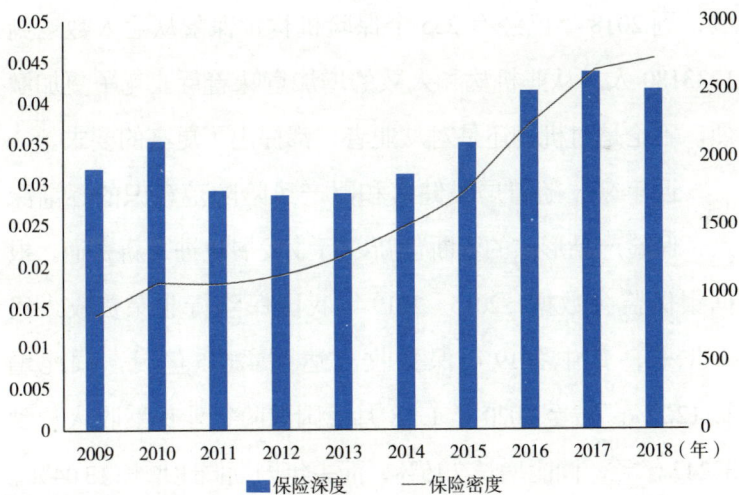

2009—2018 年中国的保险深度与保险密度

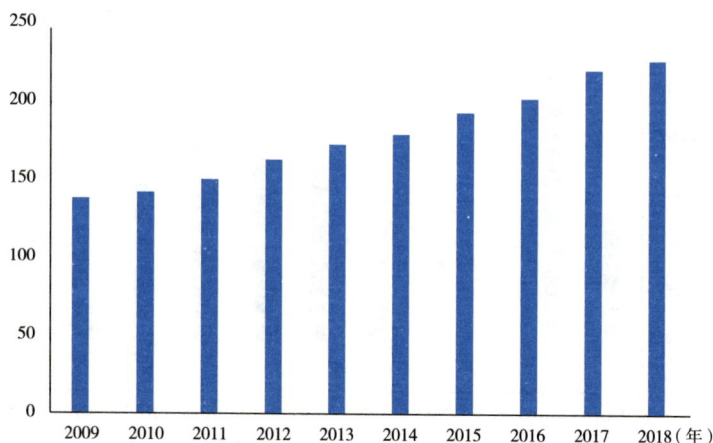

（单位：个）

2009—2018 年中国保险机构数量

从 1949 年第一家保险公司成立以来，经过 70 年的发展，到 2018 年已经有 235 个保险机构，保险从业人数达到 1233180 人。从业机构和人数的增加意味着行业竞争更加激烈，不论是对机构还是对从业者，都提出了更高的要求。

近年来，随着居民健康和财产风险防范意识的逐渐深入，保险产品形态的不断创新，行业发展也进入新赛道。根据银保监会数据，2015—2019 年我国保险行业保费收入逐年增长，其中 2019 年保费收入达到 42645 亿元，同比增长 12.2%。截至 2020 年 1—8 月我国保险行业保费收入达到 33247 亿元，同比增长 7.15%，而去年同期同比增长 13.04%。

我国保险行业线下销售模式依然是主流方式，对各大保险企业来说是核心竞争资源，但经过 2020 年新冠肺炎疫情之后，保险行业的消费行为将会逐渐走向线上化，主要是由于线上交易的接触度小且方便快捷。但值得注意的是，保险行业的交易模式向线上化转变并不意味着放弃线下资源，而是要促进线下线上资源相互融合，简化保险销售、理赔等流程，为客户提供更高的服务。

8.1 保险＋区块链

8.1.1 传统保险交易存在的痛点

在传统领域，保险行业历史悠久，发展相当成熟。时代科技快速发展，保险业也逐渐开展核心系统转型，越来越数字化。

传统保险公司中存在的问题有以下几个方面：

一是不透明：保险业是一个不透明的行业。有几项研究调查了保险业缺乏透明度的问题。从小范围到完全不遵守消费者保护法，保险业经常迈入灰色地带。不透明而烦琐的保险索赔过程，加之保险公司不愿帮助客户索赔，使得人们对保险业充满了质疑。

二是数据收集：在传统保险公司中，应用程序会收集受保人的数据，即使在保险单过期之后，数据也由保险代理人一直保管。代理人是保险公司的保险产品主要分销商，他们利用这种身份，极大地从系统不透明中获得好处。2017年，美国排名前 50 代理公司中，前 3 家创造了约 40％的收入。他们产生的数十亿美元收入，主要是从中收集了大量的数据和信息。

三是欺诈：每年因保险欺诈造成的损失超过 400 亿美元——这还不包括医疗保险。最常见的欺诈类型之一是重复计费。重复计费是指从业者针对一次手续，向保险公司提交了数次发票。

8.1.2 保险＋区块链解决方案

通过区块链技术解决上述问题：

第一，透明：理论上，一个透明的分布式注册表可以供任何人检查多个级别的保险金额。投保人所缴付的所有金额都会记录在区块链上，数据由投保人保管。永恒数字证书能确保保单的所有权，这样投保人能快速获得索赔。

第二，数据所有权：去中心化保险平台支持由用户主导与保险公司交易数据，并拒绝在保单到期后任何人访问数据。用户可以在去中心化平台上将自己的数据出售给保险代理人。具备透明性和数据可访问性，能使小公司与大公司竞争，而这些大公司将失去优势。

第三，防止欺诈：由区块链平台上的节点检查交易，可以防止双重花费。在保险的情况下，可以阻止投保人在一个事故中要求多个索赔，因为节点可以检查网络是否已经处理了索赔。此外，永恒数字证书也可以防止伪造所有权的保险索赔。

除了上述技术优势之外，还有一些经济优势。很明显使用区块链，为保险公司开辟了新的增长机会：提高客户兴趣，为新兴市场提供新的、具有成本效益的产品，以及开发与物联网相关的保险产品。成功的关键在于创建基于新技术的可靠分布式平台，支持客户直接使用个人数据、集体保单和智能合约。

影响客户兴趣的一个重要工具是使用区块链处理其个人信息。担心客户在转到公司时失去对个人数据的控制，以及对需要回答相同问题的不满，可以通过使用单独的区块链来验证客户直接管理的数据。

一是改善客户利益指标的另一种方法是增加透明度，以及设立对消费者友好的税收方案和保险支付方式。

二是虽然集体保险这种商业模式已经被广泛应用并采用了标准技术实施，但叠加区块链，将使保险更加透明，也易于消费者理解。对于保险公司来说，区块链的好处在于工作流程自动化。

三是无论是应用智能合约，还是结合区块链，均支持自动处理保险索赔，为各方提供一个可靠且透明的支付机制，并且可以定制单个合约的条款。

四是区块链能节约管理费用，因为它能自动验证投保人身份以及与投保人协议的有效性，登记保险支付索赔，使用基于区块链和智能合约的支付架构，验证 3 人的数据。

8.1.3 行业展望

① 创新产品和服务

区块链可以通过提供个性化定制保险、为新兴市场提供低成本产品以及提高客户参与度推动保险公司产品创新，进而助力保险公司实现业务增长。

一是提供个性化定制保险。现代保险业的发展已经产生了针对不同风险的多个具体险种，但对于风险发生的环境实际上并没有较为精确的把握，所以保险公司设计产品往往只能运用大数据原理，按照综合场景下风险事件发生的概率进行产品设计。区块链和物联网、生物识别等技术的运用可以为保险产品的设计提供较为精确的场景识别，为保险公司基于特定风险场景开发创新产品提供支持，也使得更具个性的定制化保险成为现实。保险公司可以约定基于不同场景承担不同的保险责任，风险一旦发生，如果满足保险合约中的相关约定，则可自动理赔。保险公司也可针对特定的风险场景为用户提供临时投保的产品，为被保险人提供更多的主动风险管理的机会。如被保险人在自驾游期间突然遇到恶劣天气，可以通过临时提高保障程度应对风险，当天气好转之后即可降低保险条件。再如当被保险人将汽车租赁给他人期间，或者在被保险人接受他人"拼车"期间，也可临时安排相关保险条款，覆盖相应风险。在人身险中，也可利用区块链技术允许被保险人根据自身的风险状况，调整保险方案。如被保险人从事风险较大的体育运动时，可临时扩大保险合同保障范围。

二是为新兴市场提供低成本产品。在新兴市场中，如果承保和理赔能够基于预定规则和可靠的数据源自动执行，区块链智能合约的功能能够用于小微保险业务中，降低处理成本。比如，当可信赖的气候数据库报告了干旱天气时，对购买保险的农场主的支付就会触发。可以看出，区块链应用于保险领域可以助力保险产品开拓新兴小微保险市场。

三是提高客户参与度。客户数据是保险公司风险管理的重要依据，也是保险公司数字化转型的基础资源，但出于对个人数据安全的担心，客户不愿将数据完全提交给保险公司并失去对数据的控制，而且他们对于每次进入流程都要重复输入数据感到很厌倦，事实上"黑色数据产业链"的发展已经成为上述风险的真实写照。上述问题可以通过建立区块链身份验证系统加以解决。基于区块链技术，个人数据并不需要储存在保险公司，而是仍然在用户的个人设备中，只有在验证过程中，比如医生或其他相关交易方，才会调用数据。区块链还能够通过提供较高的透明度和理赔处理的公平性提高客户参与水平。比如，创业企业 InsureETH 利用智能合约在区块链上开发了一款 P2P 航空保险产品。当可靠信息表明航班取消或延误时，这些智能合约将为购买保险的机票完成支付。

② 保险反欺诈

区块链技术可以在被保险人身份识别中发挥作用，通过不可更改的身份证明信息降低保险欺诈风险。据报道，各国养老保险中普遍存在不同程度的冒领保险或者骗保的问题。基于区块链的身份识别系统可以使每个人拥有独一无二的密码信息，如果在保险金领取中设定密码信息的输入和验证环节，基本可以避免他人冒领保险金的事件。同时基于区块链智能合约的应用，可以通过建立包括医院、社区、民政部门等机构的个人健康信息管理系统，对被保险人的健康状态和生命状态进行跟踪，并对是否发放保险金或进行理赔提供决策支持。

保险公司还可基于区块链技术建立针对被保险对象是牲畜或物体的身份识别系统。发展养殖业是解决我国"三农"问题，促进农村经济增长的重要方式，但长期以来我国养殖业养殖规模无法达到规模经济的要求，导致养殖行业技术含量低、附加值低。养殖业无法达到规模效应的主要原因即在于作为其主要资产的存栏牲畜面临较大的疫情风险，无法作为抵质押物帮助养殖企业获得信贷支持，俗话说"家有万贯，带毛不算"即是对这一风险的形象说明。针对养殖业面临的疫情风险，保险公司推出养殖保险帮助养殖户管理相关风险，但保险公司同样面临风险控制的问题。在按照牲畜死亡数量理赔的情况下，防止养殖户凭借一头牲畜尸体重复理赔成了保险公司反欺诈面临的主要问题，在养殖险的理赔中曾出现过"割尾巴"理赔的做法。随着技术条件的不断进步，保险公司又提出了运用"耳标"等方法进行"标的唯一性"的管理，但"耳标"也同时存在佩戴率不高、无法实行"耳标"和对象"刚性"绑定等问题，整体效率较低。

中国人保财险利用区块链技术，探索养殖保险"标的唯一性"管理新模式，通过构建基于区块链的养殖业溯源体系，实现风险管理"标的唯一性"。人保财险的区块链养殖溯源系统以生物识别、DNA以及耳标等技术作为牲畜数据收集和身份确认的基础数据来源，以区块链作为数据存储和使用的核心机制，通过建立覆盖采购、饲养、防疫、产仔、屠宰以及物流等环节的数据系统，对牲畜的完整生命周期以及相关产品的生产、流通环节进行数据记录，以养殖体系的数字化改造实现保险行业风险管理效率的提升。区块链在整个体系中凭借其独特的数据存储和记录方式，实现系统信息的"唯一性"和"可追溯性"，通过系统信息可信度的提升实现系统整体功能。

区块链在保险反欺诈中的另一个应用是关于风险事件时间和地点的确认。保险合同射幸合同的属性使得保险的承保和理赔存在较为突出的时间管理风险。以承保为例，时间和地点因素是评估风险和确定费率的重要依据。从被保险人的角度来看，不论是财产险还是健康险，都可能出现"先出险，后投保"的问题，投保人故意隐瞒出险事实，向保险公司骗保以获得保险赔偿。从保险公司的角度来看，出于业绩考核或者利益输送等原因，也可能存在"保单倒签"的问题，即在出险之后通过保单时间造假扩大保险公司保险责任，使保险公司蒙受损失。从理赔的角度来看，时间和地点也是确定保险责任和损失的关键因素。区块链可以跨行业、分布式记录数据，并且证实数据的真实性，包括物品所有权、证明保单日期和时间、事件发生地点等内容。

从上述内容还可以看出，区块链技术的应用以和其他数据生成、收集技术的结合为前提，区块链最大的优势在于提升数据的使用价值，在大多数情况下，往往需要来自多维主体的数据输入并基于区块链共识机制的建立才能实现数据价值的提升。但如果没有数据采集技术的配合使用，区块链技术也无法实现上述目标。

③ 提升运营效率

早在 1994 年，尼克·萨博即提出智能合约的概念，"一个智能合约是一套以数字形式定义的承诺，且包括合约参与方可执行这些承诺的协议"。本质上来说，智能合约类似于计算机程序中的条件语句，智能合约根据预先设定好的条件执行不同的合同条款。尽管智能合约的概念很早即出现，但迄今为止尚未出现实质性的应用，一个重要的原因在于，智能合约的执行需要基于不同来源信息的输入，且输出结果受信息的真实性影响较大。区块链技术出现之前，这个问题成为制约智能合约应用的主要障碍，但区块链的出现为智能合约的应用创造了前提。智能合约相对于传统合约，不仅改变了反映合约内容的形式，智能合约由代码进行定义，实现了"代码即法律"；相对于传统合约只是对协议双方的权利和义务进行约定，智能合约还具有强制执行功能。智能合约的强制执行功能使得合约一旦开始实施，合约执行的进程将脱离任何一方的控制，对于整体效率的提升可以发挥重要作用。基于数字货币的应用，比特币的基础架构无法增加太多的程序内容实现智能合约的功能，但以太坊的出现为智能合约发挥作用创造了条件，并提供了巨大的想象空间。

智能合约能够完成理赔处理的自动执行，对于客户来说，这是一种可靠且透明的支付机制，而且智能合约能够用来强化具体合约规则。比如，在汽车事故中，如果汽车在规定的修理厂按照保险公司预先设定的流程进行维修，智能合约可以确保理赔支付马上执行。虽然这样的程序没有区块链技术也可以实施，但是基于区块链技术的智能合约平台能够为客户提供较高的透明度和可信性，而且还能够带来广泛的网络效应。

④ 助力相互保险发展

互助是人类社会实现风险管理的重要形式，基于互助的原则产生了相互保险。基于相同的风险管理需求和组织成员之间的信任，特定人群通过订立风险事件发生情况下的补偿规则实现互助组织成员之间的风险分散，组织成员之间的相互信任是互助组织承诺得以兑现的重要前提。同样，基于组织成员之间的信任，相互保险对于风险识别的成本也相应较低，进而使得互助组织成员可以通过较低的费用实现风险管理。基于以上分析，相互保险的规模实际上由维持组织成员之间相互信任的成本和基于组织成员之间的相互信任为个人带来的缴费节约共同决定。现代保险面临着各种越来越复杂的内外部风险，相互保险维持组织成员之间信任的成本越来越高，使得相互保险越来越向商业保险转化。与相互保险不同的商业保险通过前置收取保费和保险公司的"刚性兑付"实现风险管理，且同样面临管理成本高、效率低的问题。区块链和相互保险的结合，可以利用区块链重构信任的基本特点，破解相互保险的信任难题，通过区块链和大数据技术的结合，细化不同群体的风险特征和风险分散诉求，提升成员之间的知情权和选择权，从而创造一个更加公平、透明、安全和高效的互助机制。众托帮是中国首家基于区块链专利技术建立的大病互助平台。通过区块链技术，平台对会员加入时间、年龄、病例等相关数据进行备份与验证，基于公有链设置平台总账，从而杜绝由于资金、信息不透明导致的用户信任危机和道德风险问题。

8.2 智慧城市 + 区块链

8.2.1 智慧城市发展现状

"城市"这一概念自原始社会末期兴起，经过几千年的发展与演变，始终围绕人、环境、信息等核心要素展开。城市在逐步完善基础设施过程中，出现了医疗、住房、就业、交通等资源紧张与浪费以及环境资源污染等问题。便利、高效、环保、智能、宜居成为连接人、环境与城市生活提出的新要求。

2008 年，作为现代化城市运行和治理的新模式和新理念，智慧城市概念被提出，建立完备的网络通信基础设施、海量的数据资源、多领域业务流程整合等信息化和数字化的设施，该理念迅速得到全世界认同。

简而言之，智慧城市意味着新技术与城市发展的各个方面结合，形成整体的理念框架，随着人工智能、云计算、大数据、5G 以及区块链技术发展，创新共享、万物互联成为新时代的新要求。这不仅仅促进了城市基础设施和技术的升级改造，也形成了城市推动各领域发展的新机遇。

数据显示，到 2050 年，我国城市人口将再增加约 2.92 亿，届时超过 58% 的人口将生活在城市。目前，我国有超过 600 个城市，包括 160 多个城市人口过百万，其中，超过 95% 的副省级城市，超过 80% 的地级城市，总计超过 500

个城市，均明确提出或正在建设智慧城市。

就市场规模而言，从 2018 年我国 7.9 万亿元的智慧城市市场规模，到 2022 年将达到 25 万亿元的市场规模，年均复合增长率约为 33.38%。

8.2.2 智慧城市面临的痛点

智慧城市自诞生到现在，依靠物联网、云计算、大数据、人工智能等新兴技术，再加上世界各国政府的政策和资金支持，确实取得了长足的发展。但是，在建设过程中存在着显而易见的痛点，它们分别是：协同水平较低、数据共享不足、数据遭受威胁、运营成本较高等四个方面。

① 基础信息设施建设不够完善，造成各方协同水平较低

一个万物互联、实时互动的智慧城市，需要能承受数以亿计的传感终端的城市信息基础设施。这要求做到实时的信息传输、统一的信息传输标准、承受巨量数据的信息统筹和分发平台，只有这样才能让政府、企业、个人，或者是部门和部门之间做到高效协同合作。

然而，从现阶段情况来看效果不理想，典型特征为：数据传输不够及时、设备间信息兼容性较差、信息搜集分发平台因无法容纳巨量数据而短时崩溃，等等。例如，城市的能源使用具有时间性和季节性，也就是在一天的不同时间段和全年的不同季节，一个城市内不同区域所使用的能源数量不一样。所以，能源提供部门要尽可能根据实际情况，灵活而实时地调整对城市各个区域的能源输送。但是，现在还做不到全城市数据的实时传输，一是会对信息传输速度有极高的要求，现在的 4G 网络还无法满足；二是持续不断的巨量数据存储，容易造成中心化数据存储平台的瘫痪。这样导致的结果是，不仅让城市内、城市间的电力运营调度效率较低，而且迟迟无法有效提高电力公司与民电供电交易管理部门之间的协同水平。

② 数据孤岛现象普遍，各部门数据难以共享

智慧城市的建设依赖于在城市运转过程中所产生的海量数据。现阶段，这个海量数据主要由政府部门和少数大企业所掌握。海量数据通过大数据和云计算等技术的统计和加工，再借助人工智能的分析和规划，才能最终通过并形成物联网，更好地满足人们的需求和提升公共服务水平。

但是，目前存在的问题在于数据不够完整和准确，因为现阶段数据孤岛现象仍然较为普遍。造成这种现象主要有三个原因，一是不同部门之间信息管理存在层级分割和地区分割，无法跨地区、跨级别进行信息共享；二是各部门和各机构之间，因为担心敏感数据泄露和信息隐私等方面的忧虑，即便有能力共享也不会选择；三是数据的存储方式和调用方式没有形成统一的规范，即便参与方都有意愿共享也难以达成。例如，在医疗、教育、食品安全等公共服务和人口管理

方面，因为政府信息管理中的层级和地区分割及数据形式不一，使得跨区跨级的信息共享建设成为难点问题。

③ 数据安全仍有隐患，系统难以平稳运行

智慧城市建设中，除了存在数据共享困难问题之外，还有数据安全问题。隐患主要体现在两个方面：第一，数据存储平台的本身缺陷。城市发展过程中，大量数据通过云计算高度集中在云平台上，或者相关单位出于保密考虑将数据存储在本地，一旦云平台或本地技术平台出故障或受到攻击，将造成严重的数据丢失甚至应用系统崩溃，这些高度集中的海量信息一旦被加以不良地利用，势必对城市乃至国家信息安全构成严重威胁。第二，海量数据集中的系统隐患。因为数据的高度集中，某些有权限的内部人士主动或被动地出于利益，能够偷偷篡改或向外界泄露数据，同样会造成对整个系统和城市安全的危害。

④ 信息和规则不够透明，造成运营成本升高

智慧城市若想要提升协同能力，前提条件是协同方之间相互信任。如果协同合作的前提是信任，那么，信任的基础则是透明。当今智慧城市建设面临的一大问题是信息和规则不够透明，各方之间无法做到快速简单地相互信任。若想保证双方信用，则必须要经过烦琐冗长的程序，付出很高的人工、时间和金钱等运营成本。

以货运物流为例，当今货运物流中的货主、司机、物

流、收货方等各个参与方，虽然因为利益大体的一致性，通过签订合同来保证信用。但是，也经常会出现某一方违约的情况，更严重的是违约之后因信息不够透明而无法做到精确问责。例如，当收货方收到一份快递打开包裹后发现物品丢失，那么，货主、司机、物流等各个环节中的人都会有作恶的可能性，但是你难以做到精确问责，因为即便每个环节都有数据登记，但是这个数据很容易被篡改。

8.2.3 区块链解决方案

如果把智慧城市比作一个人，那么，物联网就是人类的神经系统，大数据是人体内的五脏六腑、皮肤以及器官，云计算相当于人体的脊梁，人工智能则是人的大脑和神经末梢系统。有了大脑、神经系统、脊梁、五脏六腑、皮肤和器官，一个人就可以活动了。但是，此时这个人各方面的能力还不够突出，这时候就需要区块链了。区块链技术，可以从 DNA 层面提升人的大脑反应速度、骨骼健壮程度、四肢操控灵活性，让这个人充满活力，更加健康。

区块链对智慧城市的赋能，主要是围绕最为核心的"数据"的可用、可享、可信问题，来解决智慧城市建设中的重要痛点。那为什么说数据是智慧城市建设中最为核心的部分？

根据《中国智慧城市标准化白皮书》，智慧城市的总体架构可分为：物联感知层、网络通信层、数据及服务支撑层、智慧应用层等四个方面。其中，数据及服务支撑层是智慧城市的核心功能，因为其他的系统层次和应用，都离不开海量数据的搜集、分析、共享和使用。城市各个系统的运行产生了大量数据，这些海量数据构成了智慧城市的"血液和养料"，是城市"智慧思考"的基础。

智慧城市发展现阶段主要面临：协同水平较低、数据共享不足、数据遭受威胁、运营成本较高等四个方面的短板，这些都与数据的存储、传输、共享和使用相关，本质上也就是"如何保证数据账本安全可信"的问题。

区块链赋能智慧城市的作用，也受到了国家的认可。2019年10月24日，习近平总书记在中央政治局第十八次集体学习时强调，要把区块链作为核心技术自主创新的重要突破口，加快推动区块链技术和产业创新发展。其中，指明要推动区块链底层技术服务和新型智慧城市建设相结合，探索在信息基础设施、智慧交通、能源电力等领域的推广应用，提升城市管理的智能化、精准化水平。有了政策上的明确支持，这让区块链在中国智慧城市建设中，开始发挥越来越重要的作用。

① 分布式数据存储，加强信息传输能力，提高协同水平

智慧城市建设中一大显著问题是，基础信息设施建设不够完善。主要表现为：数据传输不够及时、设备间信息兼容

性较差、信息搜集分发平台因无法容纳巨量数据而短时崩溃，等等。其中，数据传输速度可以用 5G 技术来解决，设备间信息兼容性较差的问题则需要不断完善统一标准。

区块链主要解决信息搜集分发平台因无法容纳巨量数据而短时崩溃的问题。智慧城市面临这个问题，主要是因为城市活动所产生的数据量过于庞大，一个中心化的数据服务器很难承受实时生产的海量数据的接收、处理与分发。区块链本质上是一个去中心化的分布式数据库，单从数据的角度来看，区块链由所有参与者共同记录（而不是中心化机构单独记录）信息、由所有参与记录的节点共同存储（而不是存储在中心化机构中）并且不可随意篡改。在这个区块链数据库中，每个用户节点都拥有整个数据库的完整拷贝。同时因为区块链的开放性特点，每个节点都可在一定条件前提下，随时加入和退出数据系统，对庞大的数据库也可根据需求选择性下载。所以，区块链赋能城市信息基础建设体现在两个方面：一是通过分布式数据存储，可做到数据共享；二是区块链结合云计算平台，可把大部分信息传输转变为可选择的分布式数据存储和下载，大大减少某一中心化服务器的压力。数据安全且可共享，同时信息传输能力的提高，会让整个智慧城市的协同合作水平提高。而这将有利于加强智慧城市透彻感知的特点，即提升随时随地感知、测量、捕获和传递城市信息的能力。

② 打破数据孤岛，助力各方数据共享

智慧城市现阶段面临的数据孤岛问题，主要有三点：一是不同部门之间信息管理存在层级分割和地区分割，无法跨地区、跨级别进行信息共享；二是各部门和各机构之间，因为担心敏感数据和隐私等重要信息泄露，即便有能力选择共享也不会选择；三是数据的存储方式和调用方式没有形成统一的规范，即便参与方都有意愿共享也难以达成。

区块链可有效解决数据孤岛问题。首先，通过去中心化、开放自治的特征，使得信息公开透明地传递给所有参与者。其次，因为各部门协同可采用联盟链，因此对于一些敏感信息，可对不同相关方的私钥和公钥进行分级设置，这样既能高效同步必要信息，也能保证敏感信息的安全。最后，一旦参与方达成数据互通的共识，在使用区块链的分布式数据存储时，互相调用的参与方可通过合理的顶层设计数据格式规范，使得数据难于分享的问题得到解决。

③ 防止数据篡改，帮助系统平稳运行

智慧城市的数据安全问题，主要体现在两点：一是云平台如果被攻击，大量数据会被丢失和篡改；二是因为数据的高度集中，为作恶势力提供了足够动力。

因为区块链是分布式数据库，由于没有中心机构而是由多方共同记账，数据篡改者需要攻破大多数人的存储才能实现篡改，大大提升了篡改成本，从而加强了对数据的防

篡改。另外，区块链中节点的关键身份信息以私钥形式存在，用于账户的登录和交易过程中的签名确认。私钥只有信息拥有者才知道，就算其他信息被泄露出去，只要私钥没有泄露，这些信息无法被读取，从而失去利用价值。因此，使用了区块链的数据系统，即便某一个数据平台遭受了黑客攻击，其至被篡改数据，但是因为有无数个分布式数据库的存在，不仅数据库不会丢失，而且篡改也无法生效。所以，整个智慧城市系统将会更加平稳运行。

④ 信息更加公开可靠，让交易高效便捷

智慧城市信息不够透明的问题，主要体现在各方之间无法做到快速简单地相互信任，若想得知双方的真实信息，则必须要经过大量的审查、验证和公证，耗时耗力耗资金。

区块链可通过其不可篡改、公开透明和可追溯等特点来助力解决这个问题。一旦把各类信息存储在区块链网络上并进行存证，会在三方面保证信息的公开可靠：首先，依靠区块链的不可篡改特性，信息在审查后上链就难以篡改，这让相关方可对上链信息放心信任；其次，依靠区块链的公开透明性，信息相关方都可对信息进行公开查询；最后，依靠区块链的可追溯性，使得一系列信息的变更历史都可被追溯查看。例如，租房行业在保证房源信息真实、可公开查询、追溯历史信息等方面有强烈需求，区块链可通过上述技术特点，使得房屋信息更加公开可靠，让租房交易更加高效便

捷。而这有利于加强智慧城市互联互通，也就是让个人、企业、政府等的信息和数据实现更畅通地连接、交互和共享。

⑤ **智能合约让规则更加透明，降低运营成本**

智慧城市的一大特点是"创新应用"，创新应用是指以较低的成本和较高的效率，满足人们生产和生活的不同层次需求的智能化服务。这要求在生产和生活的各方协作中，减少不必要的冗杂程序，更多地实现自动化执行，从而降低运营成本。

区块链可通过智能合约来解决这个问题。智能合约是一种基于代码的"可自动执行合同"，并且一旦执行无法人为干预。因此，合作双方就某一件事情定好规则，通过上链执行智能合约后，就不需要担心在以往执行过程中对方出尔反尔。例如，物流对账是物流场景中最常见的场景之一，在一个物流的运转过程中会涉及多方的数据共享和同步。但是，以往企业与物流承销商进行的数据结算，因为信任问题而涉及很多人工审核的过程，容易造成结算周期长和对账成本高的问题。区块链通过智能合约在账单出来后可自动结算，从而大大提高对账和结算效率。同时，由于保存在区块链中的信息，需要持有私钥才能查看，因此数据的安全及隐私问题得到了保障。所以，区块链通过智能合约，可以使智慧城市建设规则更加透明，运营成本进一步降低。而这有利于加强智慧城市创新应用的特点，即以更低的成本和更高的效率来满足人们在生产和生活中的智能化服务需求。

8.2.4 行业展望

多项研究预测，当前的趋势表明人们正在大规模迁移到城市。预计到 2050 年，全球将有近 70% 的人口居住在城市地区。城市生活方式将成为全球经济的主要引擎，但也将成为地球上不可持续发展的最大根源。

环境污染、水资源压力和社会不平等都是迫在眉睫的一些问题。乐观的看法是，城市是世界的创新实验室，因此，可以预期在定义城市生活质量的各个领域产生创新的解决方案，包括基础设施、交通、医疗服务、教育、休闲、安全等。

区块链是可以将这些不同部门集成在一起。因此，这一领域的创新是紧迫的问题。市政管理将属于所有人。就像上面提到的公共和私人利益相关者一样，普通公民也渴望参与，民主和透明这些关键概念与比特币背后的技术息息相关。

在过去的几年里，智慧城市模式发生了明显变化。智慧城市的决策者不仅仅受技术的驱动，他们认识到技术只是实现政府、经济和社会目标的推动者，而人性化也很重要。

从资本支出到运营支出：目前，智慧城市可以通过多种方式获得融资。这些措施包括债券、税收，甚至中央政府拨款。地方政府熟悉的、久经考验的资本支出方式，将被替代性的混合方式取代。这些支出包括资本支出和运营支出。

不仅是城市，还有社区：智慧城市通常是更大的城市中心，但这个词正在发生演变，现在还包含了各种规模的社区。不仅创造更智能的城市地区，还要促进社区之间的联系。智慧社区采用技术，但不将其作为自己的关注点。相反，它们寻求以愿景为导向、以社区为基础的解决方案来解决那些最紧迫的问题。

长期规划：城市建立很多特定的应用，如监控摄像头、照明或交通传感器。到 2020 年，能够支持所有智慧城市的应用基础设施将进一步建成。这种方法避免了周期性的因为基础设施增加新应用程序而挖马路铺设管线。城市也将与物联网和网络供应商合作，这将使他们能够制订既能支持现有技术又能支持未来发展的长期计划。

区域合作：发展智慧城市的区域性合作正在如火如荼地进行，尤其是在亚洲。东南亚国家联盟（ASEAN）成员国希望效仿中国和韩国的做法，增加城市采用各种技术。日本正向 200 家日本企业和东盟组织其他国家提供服务，增强其影响力。目前已有 26 个城市提出相关项目，包括河内开发智能交通控制系统的计划，以及曼德勒引入分析和管理交通数据的系统。

总体规划的衰落：因为技术进化的速度非常迅猛，纽约和波士顿等一些城市已经不再制定严格的全市数字总体规划。纽约副首席技术负责人 Jeremy Goldberg 表示："技术发展如此迅速，如果在战略规划上花了太多时间，设计的计划可能在一年后就没什么用了。"波士顿也没有专门针对技术的战略计划，而西好莱坞和蒙特利尔也强调，需要有活动性的而不是静态的战略文件。

无效的试点项目：波士顿表示，很多大城市已经有非常多无效的试点项目。在《智慧城市战术》中，波士顿市政府告诉供应商，如果某项新技术或数据能够帮助波士顿部分人口解决某个特定问题，市工作人员还是乐于接受的。"到目前为止，我们进行了许多智慧城市试点项目，大多是华丽的演讲，而没有人真正知道下一步该做什么，也没有人知道技术和数据如何带来改进的服务。"供应商应该采用更多以城市为中心的语言，例如阐述特定产品或服务能带来的好处。

在新技术控制你之前先去掌握它：许多城市规划者发现自己处于被动地位，不得不对城市街道上的新技术应用作出反应。例如，旧金山已经俨然成为一系列新技术的试验田，从送货机器人到自动驾驶汽车，然而现有的监管基础设施并不具备监督这些项目的能力。所以旧金山成立了一个新兴技术办公室，得到 25 万美元资金支持，目的是为科技公司和监管机构提供一个管理新技术引进的平台。

多样化的发展模式：多伦多的智慧城市是自上而下的运

行模式，而巴塞罗那长期的城市发展提供了一种自下而上的、更以市民为中心的模式。而且，城市的数据属于公民共享。因此我们可以知道，城市走向智能化的道路取决于城市的规模、历史、地理、文化和经济等状况，应根据不同情况采用多样化的发展模式。

8.3 供应链金融 + 区块链

8.3.1 供应链金融行业发展现状

供应链金融将依托供应链管理而生，它以核心企业为出发点，重点关注围绕在核心企业上下游的中小企业融资诉求，通过供应链系统信息、资源等有效传递，提高供应链的运营效率和整体竞争力，激活供应链条运转，实现供应链上各个企业的共同发展，持续经营。

前瞻产业研究院数据显示，2017 年中国供应链金融市场规模为 13 万亿元，这个数字预计在 2020 年增长至 15 万亿元。供应链金融的融资模式主要包括应收账款融资、保兑仓融资和融通仓融资等。其中，提供融资服务的主体包括银行、龙头企业、供应链公司及服务商、B2B 平台等多方参与者。供应链金融参与方主要包括：核心企业、中小企业、金融机构和第三方支持服务。

供应链金融的核心意义在于针对中小供应商授信额度不

高、融资规模较小的特点，利用信用替代机制，以供应链核心企业信用替代中小供应商信用，实现供应链上下游企业资金融通的需求。而区块链技术可利用其不可篡改性、可追溯性等特点，在这个过程中降低信任成本，降低供应链上中小型供应商的融资成本，使得供应链金融的核心意义更容易实现。

8.3.2 供应链金融行业的痛点

痛点 1 ：供应链上的中小企业融资难、成本高。

由于银行依赖的是核心企业的控货能力和调节销售能力，出于风控的考虑，银行仅愿意对核心企业有直接应付账款义务的上游供应商（限于一级供应商）提供保理业务，或对其下游经销商（一级供应商）提供预付款或者存货融资。

这就导致了有巨大融资需求的二级、三级等供应商／经销商的需求得不到满足，供应链金融的业务量受到限制，而中小企业得不到及时的融资易导致产品质量问题，会伤害整个供应链体系。

痛点 2 ：作为供应链金融的主要融资工具，现阶段的商业汇票、银行汇票使用场景受限，转让难度较大。

商业汇票的使用受制于企业的信誉，银行汇票贴现的到账时间难以把控。同时，如果要把这些债券进行转让，难度也不小。

因为在实际金融操作中，银行非常关注应收账款债权"转让通知"的法律效应，如果核心企业无法签回，银行不会愿意授信。据了解，银行对于签署这个债权"转让通知"的法律效应很谨慎，甚至要求核心企业的法人代表去银行当面签署，显然这种方式操作难度是极大的。

痛点 3：供应链金融平台／核心企业系统难以自证清白，导致资金端风控成本居高不下。

目前的供应链金融业务中，银行或其他资金端除了担心企业的还款能力和还款意愿以外，也很关心交易信息本身的真实性，而交易信息是由核心企业的 ERP 系统所记录。

虽然 ERP 篡改难度大，但也非绝对可信，银行依然担心核心企业和供应商／经销商勾结修改信息，因而需要投入人力物力去验证交易的真伪，这就增加了额外的风控成本。

8.3.3 区块链解决方案

在区块链上发行、运行一种数字票据，可以在公开透明、多方见证的情况下进行随意的拆分和转移。

这种模式相当于把整个商业体系中的信用变得可传导、可追溯，为大量原本无法融资的中小企业提供了融资机会，极大地提高票据的流转效率和灵活性，降低中小企业的资金成本。

据统计，过去传统的供应链金融公司大约仅能为 15%

的供应链上的供应商们（中小企业）提供融资服务，而采用区块链技术以后，85%的供应商们都能享受到融资便利。

银行与核心企业之间可以打造一个联盟链，提供给供应链上的所有成员企业使用，利用区块链多方签名、不可篡改的特点，使得债权转让得到多方共识，降低操作难度。

当然，系统设计要能达到债券转让的法律通知效果。同时，银行还可以追溯每个节点的交易，勾画出可视性的交易流程图。

区块链作为"信任的机器"，具有可溯源、共识和去中心化的特性，且区块链上的数据都带有时间戳，即使某个节点的数据被修改，也无法只手遮天，因而区块链能够提供绝对可信的环境，减少资金端的风控成本，解决银行对于信息被篡改的疑虑。

8.3.4 行业展望

区块链是一项基础性技术——它有潜力为供应链金融行业的经济和交易制度创造新的技术基础。可以肯定的是，区块链技术将深刻改变供应链金融行业的商业运作，这种改变远远大于供应链行业的改变。区块链应用不仅是传统业务模式的挑战，更是创建新业务和简化内部流程的重要机会。

桑坦德创新创业基金预测，到 2022 年，使用区块链技术的银行可以每年节省高达 200 亿美元。而世界经济论坛也预测，到 2017 年全球 GDP 的 10% 可能会存储在区块链平台之上。

如今金融科技发展迅猛，国外知名银行趋之若鹜纷纷投资成立区块链实验室，就是因为区块链真正地能将交易数据，实现开放、一致、真实验证且不能篡改，银行能更好地管控风险和大幅降低银行作业成本。区块链技术未来的发展与应用，可能成为银行推广供应链金融业务最佳的解决方案，银行可以不再局限押品融资，而渐渐转向省时、不需控货和低操作成本的保理业务，服务更多的客群，真正使银行业落实"注重创新和改革"及"注重普惠金融的发展"目标。

8.4 银农直联 + 区块链

8.4.1 农村资金问题背景

随着 2016 年农业部《关于进一步加强和改进农业财务工作的意见》的提出，国家对"三农"建设更加重视，财政支农投入快速加大，阳光政务在农村集体财务管理的重要性日益明显。农村可支配资金越来越多，财务的监管问题成为重中之重。银农直联系统的推进是农村集体财产及资金合理有效利用、资金使用透明规范的重要前提，也是建立健康有序的投资环境、促进"三农"进一步发展的重要保障。银农直联本质上就是"村账镇管"，最早出现于 1997 年 1 月 1 日财政部颁布实施的《村合作经济组织会计制度（试行）》中，其中提出了"财务管理薄弱的村合作经济组织可以委托乡（镇）经营管理站代为记账、核算"。2008—2010年，中纪委、监察部、财政部、农业部相继出台文件规定规范村级会计委托代理制度，进一步加强村级会计委托代理业务工作。会计委托代理制度的展开对农村财务监管提出了很高的要求，造成了制度实际推行过程中的许多问题。

8.4.2 农村财务监管的难点

作为农村行政管理的最末梢，传统的财务监督管理手段对村级单位的作用是非常有限的，村级单位财务的不规范问题一直比较多。

① 财务管理不规范

一是缺乏规范的合同管理，容易出现收入不入账、体外循环、私设"小金库"等情况。

二是报销审批手续不规范。按财务规定，报销必须由审批人、经办人签字，但在目前村级财务的实际操作过程中，有的票据只有审批人而无经办人，甚至极少数票据在既无审批人又无经办人的情况下入账。

三是资金使用违反财务纪律，存在以个人名义存储公款、乱设银行账户、违反规定擅自开设银行账户等情况。

四是费用列支不合法，科目乱用。公款吃喝现象时有发生，公款列支名目与实际不符。

五是现金交易不易被监管，容易出现坐收坐支、截留、吃回扣等现象。农村理财组织履行职责不到位，村民主理财小组在村级支出的审签中占有重要地位，但在实际工作中，有些小组形同虚设，主要干部兼任小组长，自批自监督，缺乏有效监管。

② 财务公开失实

一些村组织财务公开形式化、公开制度不规范、公开内容粗枝大叶，对于重大支出项目没有专项公布；或者是实行会计电算化后，对电打印账目校核不细，产生失误，引起群众误解。

③ 村账镇管制度流于形式

村账镇管的工作一般由镇财政所负责，镇财政所是最后也是最有效的一道审核关口。但由于存在以下问题，使村账镇管制度流于形式，管理不到位。

一是镇财政所会计人员业务量大，对各村情况了解有限，不能及时掌握各村账务动态，这给村出纳人员出借、挪用公款提供了可乘之机。

二是有些镇财政所人员不熟悉财务，业务素质不高，造成会计操作不规范；有些人员的原则性和责任感不强，存在重记账、轻管理，只审凭证却不审开支合理与否等现象，使违反财务制度的票据凭条得以记账。

三是在实际工作中，村出纳人员有时不可避免地承担了会计的职责，例如在各项土地征用补偿中承担结账造册的工作，而村主要干部一般基于信任在审批中又疏于监督，给出纳人员贪污、冒领土地征用款等各项钱物创造了机会。

8.4.3 区块链解决方案

区块链技术具有难以篡改、可追溯的技术特性，因此，在阳光政务实施过程中具有天然的廉政属性。数据难以篡改，保证了整个运行体系的公开、公正和透明。其可溯源性保证了每一项审批、决定、资金的使用，甚至系统中的所有行为都被完整地记录下来并难以篡改，是名副其实的终身负责制。

① 权责真实可信，业务流程透明

山东望天银农直联系统的核心是实现资产的精准监管、责任的精准认定和数据的精准留痕。银农直联系统从村干部提出申请、各级审批人审批、当站经管站（农村经济经营管理）工作人员打印审批单，到最后资金转账，所有信息都会实时写入区块链进行监管，实现有效的账号监管和权力管理。通过望天银农直联系统，每一个操作人的操作痕迹都会留存且难以被篡改，通过数据存档达到明确每一个人的责任与权力的监管目的。

② 数据保密安全，分享权限清晰

银农直联的数据传输依托互联网。传统的互联网信息传输中存在数据被意外篡改、数据灭失、数据泄露等一系列风险。通过传统的网络技术手段可以适当改善系统风险，但是无法全面杜绝。望天银农直联系统依托区块链技术，实现了数据的全程上链和业务链的链上同步。业务链用户直接在区块链上抓取难以被篡改的数据，防止了数据灭失的风险。而区块链非对称加密和严格的权限管理模式避免了数据泄露的风险，保证了业务数据的安全性。区块链数据权限管理在保护用户隐私和业务商业机密方面非常关键，让可信的商业数据可以获得合规、合理的应用，为银农直联系统用户创造了良好的应用环境。

③ 可监督的系统管理和权限分配

银农直联系统管理员有最高权限，可以对其他账户进行权限分配和功能管理。通过区块链技术与银农直联系统相结合，包括系统管理员和各级管理员在内的各级账户，实时地将所有操作记录痕迹上传至区块链，相关操作信息清晰可查，一目了然，能够实现透明、公正、可信的平台化监管。业务账户的全面痕迹化管理，从避免不必要的纠纷、减少恶意操作的角度来讲，也是非常有意义的。

④ 统一用户管理

望天银农直联系统依托区块链技术，构建了统一的用户体系，让用户系统可以全面支持望天银农直联系统的一系列区块链应用。用户系统支持每个账户的数字资产管理、可信数据管理，并提供专属区块链浏览器实现精准展示和查询，让所有用户对账户信息有全面的了解。望天银农直联系统为每个用户提供互联网网站相同级别的用户访问体验，避免传统区块链账户的高技术门槛和操作低便捷度而限制用户对系统的使用情况。因此，望天银农直联系统是一个有互联网操作体验级别的基于区块链的应用系统。

银农直联软件利用底层区块链技术保障了政务信息的可信、安全存储，以及透明、高效流通，支撑了村银对接资金管理平台"一二三四"的系统设计，即一个平台、二级账户、三方审核和四级查询。

一个平台是村银对接资金管理平台。为了适应三资管理的工作要求，望天科技配合区委农工办和银行合作开发村银对接资金管理平台，实现账户实时监管、支出实时审核、账实互通互联等核心功能。

二级账户是各村保留原有银行实体账户，账户具有唯一性，便于后续的持续监管。镇（街道）开设零余额管理账户，通过零余额账户实现对村账户的监督与管理。

三方审核是村级资金转账，由村会计、镇会计服务站代理记账员、财政分管领导三方审核。未经审核或审核不通过，资金无法出账。

四级查询是通过配置不同的查询权限，村（社区）经济合作社、镇（街道）会计服务站、镇（街道）农经站、区委农工办都能对不同层级账户实现查询和监管。可信、高效的系统设计赋予了银农直联系统四大整体优势以及四大层级优势，基于以上优势，已在山东省全面运行的银农直联系统获得了巨大成功。

人民日报新媒体发布：2019 年 4 月以来，山东省临沂市罗庄区册山街道在区农业农村局的指导下，与当地农村商业银行合作，用科技手段对合同实施有效监管，联合开通了银农直联系统，着力解决集体土地承包费欠缴、失收等问题，让村级资金收支及合同管理公开、透明、有迹可循。截至目前，全街道 31 个自然村已有 28 个村完成了清欠任务，收缴承包费达到 800 余万元，登记备案集体发包土地资源面积达到 5798.78 亩，监管承包合同新增 1385 份，大大减少了因财务不透明引起的群访事件。

8.4.4 行业展望

阳光政务是政务现代化的大趋势，信息公开、政务公开、财务透明、及时了解和响应人民群众的愿望与呼声都是重要的方向。

银农直联项目的意义在于通过数字化、平台化的方式，切实推进了政务公开、财务透明和廉政建设，可以应用到大量的乡村，极大地推进阳光政务的施行。同时，该项目也给相关服务企业和区块链技术企业提供了全面的发展机会。相关企业应顺势而为，充分利用区块链技术，基于实际业务开发出功能全面、可以解决实际问题的银农直联系统，力争持续推进区块链技术在实体产业的扎实应用。

8.5 计量溯源 + 区块链

8.5.1 计量行业发展现状

随着信息化技术的快速发展，计量行业也随之快速发展。从宏观的角度来看，现代测量仪器的概念与意义早已不再是"仪表""测量""测试"等表面含义，它是以单片机为控制核心的"智能仪表"，是以信息处理和多传感器智能检测为基础的"专家系统"。近年来，仪器仪表和计量检测技术在开发领域正日趋智能化，对传感等技术的研究与处理也已经处于迅速发展的阶段。这使很多以往无法获知的参数得以准确测量，计量进入了很多过去无法涉猎、观测及研究的领域，在测量领域和所得参数上逐步实现了真正意义上的智能化。智能化的仪器仪表使自动搜集测量信号、调整测定值、调控与处理测量过程、处理测量结果等一切看似不可能的技术成为可能。日益智能化、数字化、大数据化的计量产业，一方面逐步淘汰了传统的人工测量及分析过程，另一方面也对计量管理提出了新的挑战。质量管理过程从事后检测转变为事中控制、事前预防。与原来的成品检验相比，整个生产过程的监控和即时检测强化了质量管理，减少了故障与人工疏忽问题发生的概率，但同时对计量过程中数据的可信流动、高效整合和系统化管理提出了更高的要求。

8.5.2 计量行业面临的痛点

计量行业随着科技的进步快速发展，但也暴露出诸多问题和痛点。这些问题和痛点可以归纳为以下四个方面。

① 计量检测前

在计量检测设备管理工作中，设备需要得到计量管理部门的认证方可投入使用。各个企业均有属于自己的计量检测管理文件和准则，在使用计量检测设备前要经过计量管理部门认证，但是在实际工作中却并未有效执行，致使计量检测设备类型选择不合理，造成了严重的资源浪费。如果计量检测设备初次鉴定工作未完成，很容易使设备原有的缺陷和不足被忽视，从而导致鉴定结果的精准度不高。现代企业对计量管理工作的重视程度逐渐提升，并且制定了一系列较为完善的管理制度，为工作开展提供了参考依据。但是在实际工作中，由于种种主观、客观因素的影响，这些管理制度未能落到实处，计量检测设备的后期维修和保养不足，损坏现象尤为严重。因此，后续的计量检测工作常常无法有序开展。

除了意外导致计量仪器指标或参数失真以外，我们还会碰到一些人为的因素，例如，故意修改参数让测量结果朝着预期的方向发展。举个通俗易懂的例子，菜市场的卖货方会人为调整电子秤的灵敏度，以便卖个贵点的价钱，买货方却基于对电子秤的信任而多花了冤枉钱，电子秤作为价值尺度的作用就被黑心商贩利用了。诸如此类行为都发生在计量检测前，其产生的失真的测量结果也让数据使用方头疼不已，最终体现出来的计量结果就达不到本次计量检测的目的。

② 计量检测中

在对标的物进行计量检测的过程中，我们也会碰到很多问题。计量检测工作需要专业的人员进行专业的操作。计量检测人员需要遵守相关的法律法规及规章制度，不断学习，并提高自己的职业技能及专业素质，提高发现和解决问题的能力，保证所出具的数据真实、可靠、准确和完整。但在实际开展计量检测工作时，有些计量检测人员没有严格按照规章制度开展工作，而是根据自己的习惯和意愿进行操作，导致目标物的检测数据和实际客观数据之间差异较大，结果产生较大的偏差，导致计量检测结果失真。

③ 计量检测后

在获得计量检测结果以后，我们还会面临一些问题。一方面，在进行校准检测工作时，确保计量器件能正常工作是保证检测质量的前提。因此，计量管理系统需要具有能够对计量器件进行在线实时监控的功能，不但能高效准确地记录和管理监控数据，还可回溯监控过程中产生的异常数据，以此对计量工具进行故障分析。另一方面，在目前的计量数据管理过程中，大部分工作仍然是采用人工统计与纸质文件流传的方式，这中间就存在许多人为录入错误数据和数据丢失的风险。同时，计量院还需要有针对性地处理并存储巨量数据，其流程十分的烦琐。现存的数据库大多数是中心化的，而中心化的数据库存在太多被篡改的可能。在整个计量检测过程中，无论计量检测的前期和中期做了多少工作以保证最终输出结果的客观性、可靠性，只要数据库掌权人想改数据，在软件系统中操作一下就能更改检测的最终结果，数据造假、舞弊的风险还是非常高的。而这类造假的结果验证起来又比较麻烦，并且需要调取的原来的纸质文件等也都是可以被篡改的。这就给目前的检测数据的可靠性、真实性带来了很大的挑战，成为行业实实在在的痛点。

④ 监管方面

长期以来，对于监管方而言，集贸市场的计量管理一直是薄弱环节，原因是多方面的。例如，市场内经营者素质参差不齐，流动性大，法制意识淡薄；集贸市场主办者多元化，管理职能缺失；政府职能部门人手不足，监管不到位；等等。因此，加强计量监管，营造诚信经营、公平竞争、健康有序的计量环境，保护消费者利益，是监管方计量管理亟待研究解决的重要课题。在监管过程中，监管者会发现，在他们检查时，计量仪器和设备都一切正常；当他们检查完毕后，计量仪器与设备的所有者就把相关参数调整到了有利于自己的参数。而对于这些行为，监管者却无可奈何，无法实现监管的目的、达到监管的效果，消费者的利益也得不到保障。

8.5.3 区块链解决方案实例

通过运用区块链技术，发挥区块链的特性，并与物联网设备相结合，上海临港科创中心、上海计量测试技术研究院，会同上海链度科技有限公司、阔挣上海科技有限公司构建了一套智慧计量溯源存证系统，其支持司法文件、证据文件、版权和所有权的保护、财政数据保护。智慧计量溯源存证系统以区块链数据存证技术为核心，将重要数据信息上链，易于溯源，便于有效监管及司法。其存证数据与司法机关打通，可进行诉讼、仲裁、公证及司法鉴定。该系统能做到为存证用户提供保真、溯源、保护隐私等服务，实现了计量可溯、监管可控，解决了传统信息存证相关业务中安全性差、真实有效性低等痛点。

人员管理旨在规避操作风险。检测仪器使用者在使用仪器前需将自己的真实信息录入系统，进行存证。使用者的任何操作都会作为存证在区块链上反映，一旦使用者执行了违规操作，都会被记录下来且不可篡改。再以集贸市场为例，经营者对有智慧计量溯源存证系统的计量仪器进行不法操作、乱调参数时，任何一步操作都会被记录在存证链上，这就导致监管机构或消费者可以很清楚地看到计量仪器或设备有没有被人恶意调整过，因而增大了经营者的造假成本。到了司法环节，因证据充分，经营者的恶意操作也瞒不过去，所以能够处罚明晰。对于消费者来说，因为有智慧计量溯源存证系统的存在，所以消费者对计量器具和设备的信任程度提高了，从而降低了信任成本，提高了社会运作效率。器具管理旨在对计量仪器或设备进行管理，从设备的生产环节上链开始，到设备的流转、使用环节层层溯源。如果计量仪器或设备出现了问题，我们可以通过一层一层的溯源找出问题的症结，明确各个生产过程或者流转过程的责任，从而可以减少许多法律方面的问题和司法成本。我们也可以对计量仪器或设备本身的状态进行管理，对计量仪器状态的可检测部分实时上链。如果设备精度失调或者有所损坏，在链上可以第一时间反应，从设备使用者到设备监管方都能第一时间获取相关信息，从而能最大限度地避免不良设备造成的测量结果不可靠、不真实的情况。在合格证书和有效期方面，到期以后自动提醒或者自动停用，避免了过期或不合格设备的继续使用。数据管理方面，从计量仪器或设备的使用记录、维保记录到计量仪器或设备的检测数据，我们都可以通过上链的方式提高数据的可靠性和准确性。以维保记录为例，被检查方可能会在每次监管来临前两天开始补维保记录。但是在区块链上，因为有时间戳和众证机制的存在，被检查方很难补上前几天的维保记录。也就是说，被检查方无法造假了，区块链大幅提高了造假成本。同时，因为数据上链，多中心化的数据库无法再像原来中心化的数据库被随意篡改。其篡改数据的成本大幅度提高，舞弊和造假的难度及风险也大幅度提高。与没有区块链系统的时候相比，区块链系统提高了数据整体的可靠性和真实性。在物联网方面，计量系统也采用了更多的物联网设备，前面提到目前仍然有大部分工作是采用人工统计与纸质文件的传统方式，实际上人工统计录入数据的环节也加大了最终统计数据不准确的风险。在智慧计量溯源存证系统中，我们通过加入更多的物联网设备等智能系统，自动测量、自动抓取数据、自动上传，从源头把控数据的可靠性及真实性，更好地完成计量工作，达到计量目的。

过程管理方面，如果能确定计量检测行为的时间和地点，就能规避这部分偷懒或者造假的可能。以水质检测为例，黄河各段的水质都是不一样的，有关部门需要定期对各段进行检测。那么，如何确定检测人员是在指定地点进行了水质检测，而不是偷懒，在不合理的地点、不合理的时间段进行了水质检测？通过智慧计量溯源存证系统的过程管理模块，时间戳系统和定位系统在每次检测时自动发送一个检测时间和检测地理位置，从而可以提升检测结果的可靠性和真实性。查询方面，消费者和监管单位都可以查询计量仪器或设备的使用情况、当前状态。还是以集贸市场为例，质检部门定期地检查和抽检，耗费大量人力物力不说，还不容易查到计量仪器所有者的舞弊行为。对于监管部门来说，这是一个实实在在的痛点。如果所有计量仪器都有一套智慧计量溯源存证系统，那么监管部门可能就再也不用高频率地外勤抽检了，只需要在计量平台上点两下，各个计量仪器或设备的状态都会实时显示，一旦发现有人违规操作，就可以根据非常清晰的证据链条直接作出处罚。因此，智慧计量溯源存证系统大幅降低了执法成本，同时也保护了消费者和数据使用者的利益。

8.5.4 行业展望

在我国努力建设世界科技强国的征途中，建设世界水平的计量能力也是不可或缺的。这就要求在制造出更精密仪器的同时，也需要提高计量检测管理水平。以区块链技术作为支撑，结合物联网、人工智能、大数据、云计算和5G技术，我们可以将计量检测管理水平提升到一个新的高度，将计量检测数据结果的真实性和可靠性提高到一个新的维度。无论是工农业生产，还是能源、科学研究、国防、贸易、人民生活，计量涉及社会的方方面面，是社会运行的基础。计量区块链将打造可信社会的基础，提升社会治理的效率，降低社会治理成本。计量与区块链技术的结合将带来广泛的社会影响。

8.6 智慧监理 + 区块链

8.6.1 工程监理行业发展现状

中国的建设监理制是在外力的直接作用下产生的。20世纪80年代，鲁布革工程利用世界银行贷款，世界银行等金融组织向发展中国家提供工程项目建设贷款的条件之一就是，贷款工程必须实行工程监理。从此，改变了中国的建筑市场模式，形成了目前比较完善的"业主负责制、招标投标制、工程监理制和合同管理制"的现代建设体制。从1988年进行监理试点，1996年全面推行监理制，经过二十几年的发展，目前监理单位已有四千多家，从业人员近二十多万，并初步产生了几个大型的第三方监理企业。目前，我国的建筑市场已基本形成了监理、业主和承包商三大平等、独立的工程建设主体。作为监理单位，既要重视"质量、进度、投资"三大控制，又要作为工程建设中最主要的协调者和管理者，协调好与业主、施工单位之间的关系，以确保工程建设预定的"质量、投资、进度目标"的实现。

8.6.2 工程监理行业面临的问题

监理行业的相对压价的恶性竞争以及监理取费偏低。由于监理行业的进入门槛相对不是很高，国家相关法律法规在市场准入机制这方面不是很健全和完善，所以造成了许多实力不足的小监理企业大量涌入，这些企业没有完善的组织构架，管理混乱，人才匮乏，在接到监理任务后，便聘请一些没有实际监理工作经验的人员，甚至于临时雇佣新近毕业的学生进行监理实际工作。工资等相关费用相对较低，所以整体运营费用和单位成本也较低。于是，这些监理企业便可以比市场平均价格和国家规定的监理取费标准更低的标准比例取费。

再以取费讨论，我公司承接一项 5 万平方米的高层商住楼工程，造价 1.2 亿元，监理取费率按《建设工程监理与相关服务收费管理规定》〔2007〕670 号文件要求约为 2%（250 万元左右），实际取费 160 万元，这个项目从施工准备阶段到竣工验收经历 38 个月，平均每月的监理产值是 4.2 万元。而设计周期仅仅需要 2 个月，设计取费率为 2.5%，即得设计费 300 万元，平均每月设计产值为 150 万元，是监理的 36 倍，设计企业人员的投入和监理企业人员的投入数量基本相当。如果严格按照监理规范规定，监理企业投入的人员素质要求要比设计单位的要高，以投标文件中的 13 人计算，监理平均每月人均产值为 0.32 万元，在排除相应成本及税金后几乎毫无利润（兰州市 2012 年上半年城镇单位在岗职工月平均工资为 2674 元）。所以相对而言，现阶段，监理取费较实际的工作要求以及同行业的比较是严重偏低的。

监理现场处境及相关责任问题巨大。监理从业人员的工作状况更不乐观，首先，监理的工作状况甚至不能和企业工人相比，监理人员没有休假，没有节假日，每天工作时间都在 8—12 小时，甚至有时需通宵工作，加班无工资，劳动防护有限；其次，工程建设领域，监理责任在实际工作中也经常被夸大，为了承揽工程，往往要满足业主的一些不合理要求，甚至为业主及施工单位承担法律、行政和经济责任，严重阻碍了工程监理的健康发展，且只要出现问题，无论何种原因，总之都是一句话"监理不到位"。同时，除工程质量问题外，监理还要面对安全管理的重大压力，时时刻刻得为作业人员安全操心，造成无须旁站监理的部位，只要有作业，那里就有监理，监理直接变成了现场的质检员和安全员。

人才整体素质不高和人才储备的不足。面对激烈的市场竞争，要取得竞争的胜利，最有效、最简单的方法就是"压价"。于是，在收入严重萎缩的情况下，为保证生存，许多监理企业便开始在监理人员身上做文章。要不就是减少实际参与工程管理的监理人数，或者是一个监理工程师分管几个工地，在这方面，总监理工程师这一级的最为严重，许多公司的总监理工程师便是一人挂几个项目的总监；要不就是在监理人员的素质方面做文章，大量聘用刚毕业的、没有什么实际工作经验的学生从事监理工作，或者聘请一些退了休的老同志担任实际监理工作，使我们现阶段的监理队伍形成老少两极分化的现象。从某种意义上来说。一名合格的监理工程师应该是一个体力要求相对较高的技术与管理的复合体。而现阶段，刚毕业的学生显然是无法满足上面的要求的，退休老同志的身体条件又无法满足施工现场高强度作业的需要，监理工作的不到位就可想而知了。还有就是监理行业的整体收入低于其他行业，这也严重地影响了优秀的人才投身监理事业当中来。优秀监理人才的严重不足，严重地妨碍了监理企业的发展，也严重地妨碍了监理行业的整体发展。

监理企业的业务范围过于单一。现阶段，我国的监理企业主要集中在工程建设施工阶段（费用少、周期长、人员投入大、利润率偏低），仅少部分涉足工程建设设计阶段。而所谓的工程项目全程管理在我国的监理行业基本没有。监理企业的业务范围的单一，容易造成人才的需求渠道相对狭窄，不利于人才的吸收与培养。业务范围的单一，也容易造成利润来源的相对单一，抵御市场风险的能力也明显减弱，这也严重制约着中国的监理企业发展和壮大。

8.6.3 区块链解决方案

近日，雄安新区将区块链技术应用在雄安新区工程质量监督管理，上线了全国首个区块链监理管理系统，不仅为工程信用管理建立了技术保障，还开拓了工程建设管理的新方向。

区块链监理管理系统利用区块链技术的安全性、不可篡改性和可追溯性的特点，运用了自主可控区块链底层技术、云架构微服务、智能水印防止截屏等，不仅高安全、高可用，还能支持弹性扩展，保证数据真实，防止次生管理问题，保障了建设工程质量安全，也提升了对工程建设质量安全的监督管控和预警能力。在手机上打开"雄安监理"App，点击"雄安新区××河新区段河道综合治理项目"，便可查看该项目的人员履职情况、质量验收记录、旁站监督信息等。

8.6.4 行业展望

2019年工程监理企业全年营业收入5994.48亿元，与2018年相比增长38.94%。其中工程监理收入1486.13亿元，与2018年相比增长12.26%；工程勘察设计、工程招标代理、工程造价咨询、工程项目管理与咨询服务、工程施工及其他业务收入4508.35亿元，与2018年相比增长50.75%。工程监理收入占总营业收入的 24.79%。其中 30 个企业工程监理收入突破 3 亿元，72 个企业工程监理收入超过 2 亿元，251 个企业工程监理收入超过 1 亿元，工程监理收入过亿元的企业数量与 2018 年相比增长 16.74%。

伴随着中国经济稳定增长，提高建设工程的投资效益和社会效益就越发显得重要。工程项目管理是建筑市场发展到一定阶段的必然产物，随着社会分工日益细化，专业化程度日益提高，建筑市场的规范也得到大大提升。随着工程监理企业的转型，将更能利用国家工业经济发展的有利因素而不断发展，预计 2025 年工程监理企业工程监理业务收入突破 2000 亿元。预计 2020—2025 年工程监理企业业务收入平均增幅在 10%以上，工程监理业务收入平均增长 7%左右。

第9章 数字经济下大消费领域的区块链应用落地案例

通过平台的信任体系，用户可以对商品进行追根溯源，鉴商品真伪。

一直以来，"荧光猪肉""毒奶粉""地沟油""苏丹红鸭蛋""镉大米"等食品安全事件层出不穷，公众焦虑不已，消费者对食品安全的信任大大降低。对此，全国各地不同行业就商品溯源的政策要求不断出台。例如，上海市商务委员会 2019 年 72 号文件指出了重要产品追溯体系建设工作要点。追根溯源，保障食品安全是解决当下这些问题的一个有效措施。假冒商品之所以能欺骗大众，不健全的产品追溯体系、易伪造的二维码、电子标签溯源手段、中心化的数据管理（即商品的来源信息掌握在卖家手里）都是其原因。采用物联网＋区块链技术，可以将商品从生产至销售的全流程，包括商品类别、商品详情、商品信息采集环节及采集时间在内的所有关键信息通过可信的方式记录下来，实现对商品及流通环节的追溯管理。这样一方面可以让消费者掌握真实的商品信息，提升商品的价值；另一方面可以实现全产业生态的数据价值发掘和商业模式创新，助力产业升级。

9.1 商品溯源 + 区块链

9.1.1 溯源的价值

产品溯源的核心功能是通过对所有批次产品从原料到成品、从成品到原料的双向追溯来实现的。在保证数据安全的同时，溯源平台对每个人工参与的环节均做好了身份鉴权以及数据实时备份。这对于企业的内部控管、外部品牌维护和社会监督追责都有着重要的价值。

① 高效内部管控

为了维护产品品质、树立品牌形象，企业需要严格管控产品的生产、包装、仓储、运输、经销流程，避免产品在流程中出现违规、造假现象。通过溯源，企业可以对全流程进行过程监控、安全问题责任追究，加强薄弱环节的监管。

企业可以根据溯源数据不断优化生产流程，标准化生产规范，提高产品质量和产量。

② 提升品牌形象

通过溯源系统，企业向用户展现产品的真实产业链流转行为和数据，达到溯源溯真的目标，实现产品安全消费，满足用户的知情权，提升用户的信任度，拒绝以假乱真，提升自己的品牌形象。

③ 事故责任管控

通过溯源系统，企业向社会公开自己的生产、包装、仓储、运输、经销流程，并且提供可查询的数据，接受社会监督。

当产品发生问题时，社会、政府、执法机构可以通过溯源系统追溯产业链各环节的数据，定位问题发生的环节和责任方。同时，产业链参与方也可以通过溯源数据自证清白。

来源可追溯，去向可跟踪。企业通过溯源系统可以查找到产品发生问题的环节，同时可以跟踪从出问题环节流转出去的产品去向，及时追踪产品并进行召回等，避免事故进一步扩大。

溯源系统在技术实现上需要遵循以下原则：

溯源数据的采集需要技术手段丰富、采集灵活、数据准确、效率高，对现有生产工艺改造代价小、成本低。

溯源数据采集需要进行严格的权限控制，只有流程中必要的环节和授权角色可以上传数据，控制好数据的录入、修改、删除权限，且最好不提供修改、删除权限。

溯源数据在产业链参与角色间共同进行维护，同时在产业链内外并面向社会、消费者进行分享，所以需要控制数据记录和呈现范围。由于溯源涉及数据共享、共同维护，所以数据的安全变得非常重要。安全有两个方面：一是数据存储的安全性，二是使用的安全性，需要有严格的备份机制和访问权限控制。

9.1.2 区块链解决方案

上海链度科技开发的链度物联网区块链溯源体系是集物联网、区块链、移动互联网于一体的新一代防伪溯源服务平台，其总体架构分为四个层级。

① 应用层

应用层主要包括平台的标签管理、物品管理、库存管理、物流管理、用户管理监控预警及数据统计等功能。应用层可以是溯源数据的来源端，也可以是溯源服务的接收端。解决线下数据录入系统过程中的风险，需要物联网设备作为可信的自动化数据采集手段。

② 治理层

治理层是溯源应用落地过程中必不可少的重要组件，包括通用支持能力、专用支持能力和链层支持能力。其中，链层支持能力包括账本、共识、加密、交易、会员、合约等内容。治理层对于整个溯源联盟链的架构维护起到了至关重要的作用，是区块链系统最重要的组成部分。

③ 业务层

业务层为溯源应用提供核心业务服务，保证了服务的高可用性、高便捷性。其中，在生产架构、仓储、运输、经销分销、消费端等过程中提供可靠的数据接入、精准的数据计算等服务，是溯源应用提供能力的保证。

④ 硬件层

硬件层提供了基本的物联网基础数据服务，物联网设备决定了数据来源的可靠性。区块链保证了数据的真实性、数据传输的可信性，以及数据的安全存储、分析和计算，从而为应用方提供了高效、精准的数据服务。

9.1.3 行业展望

商品溯源是区块链应用中最具场景性的实践之一，打造物联网区块链溯源综合解决方案将为各行业构建价值传递平台。通过平台的信任体系，用户可以对商品进行追根溯源，鉴定商品真伪，确保自身权益不受侵害。溯源联盟链技术在业内成熟度较高，且落地应用场景较丰富。基于区块链技术采集的大数据，能够建立完整的产业链，使参与者和消费者互信，为生产、交易与物流赋能，从而构建商品从生产到销售过程数字化的可信生态系统。这其中所面临的问题、相应的解决方案和经验成果对我国全局区块链产业布局具有重要参考价值。

9.2 酒类 + 区块链

9.2.1 酒行业发展现状

白酒作为我国独有的酒种，是我国的传统饮品之一，在我国具有独特的历史地位和深厚的文化底蕴，消费者众多。从 2017 年起，酒水行业上市公司的市值表现格外引人注目。根据国家统计局近期公布的数据显示，2017 年全国规模以上白酒企业销售收入 5654 亿元，实现利润总额 1028 亿元，利润增速超过 35%。白酒板块指数累计涨幅高达 97.83%，是股市大盘整体降幅的 14.6 倍，成为 2016 年整个股票市场最炙手可热的板块。其中，汾酒的涨幅在 130%以上。

9.2.2 酒类防伪的行业技术痛点

近年来，中国酒水行业由于信息不公开透明、产品类别及质量无统一标准、酒类产品价格参差不齐、价格与价值不匹配等现状导致市场乱象丛生，普通消费者无法准确鉴别产品的真伪，且消费者与经销商、酒商之间缺少信息互通的有效途径。

传统溯源系统使用的是中心化存储模式，在这种模式下，问题的关键在于中心维护账本的角色应该交给谁。是源头企业保存？或渠道商保存？他们都是流转链条上的利益相关方，当账本信息对其不利时，很可能选择篡改账本或者谎称账本信息由于技术原因而丢失，这会使得溯源流程失效，无法达到最终溯源使命，从而无法满足对酒品做到根本上的溯源监督。

9.2.3 区块链解决方案

2019年，习近平总书记在中共中央政治局第十八次集体学习时强调，"要加强对区块链技术的引导和规范"。在讲话的推动下，区块链技术遍地开花，延伸到数字金融、物联网、智能制造、供应链管理等多个领域。

从技术上来说，区块链的特性，将有力解决白酒市场的售假问题。据悉，区块链技术具有开源、透明的特性，系统的参与者能够知道系统的运行规则，消费者也能通过区块链网络查看自己的商品信息。

区块链本身就是一个分布式的公开账本，其核心价值是用分布式数据链来去中心化数据库，用资源的开放共享来代替资源的封闭独享。

9.2.4 行业展望

国家统计局数据显示，2018年，全国酿酒行业规模以上企业累计完成销售收入8122亿元，同比增长10%，累计实现利润总额1476亿元，同比增长23%。

而在白酒产业方面，增长则更为明显，据前瞻产业研究院发布的《中国白酒行业市场需求与投资战略规划分析报告》统计数据显示，2016 年中国白酒行业市场销售收入增长至一个高峰，达到了 6127.74 亿元。而利润总额则达到 797.15 亿元。截至 2017 年，中国白酒行业市场销售收入下降至 5654.42 亿元，同比下降 7.7%。利润总额则突破了千亿元。进入 2018 年，中国白酒行业市场销售收入达到 5363 亿元，比上年同期增长 12.86%，累计实现利润总额 1250 亿元，比上年同期增长 29.98%。

中国副食流通协会分析，从以上两组数据来看，目前白酒行业正处在一个良性发展的好时期。此外，利润的增速高出销售收入的增速，说明中国酒行业的结构性升级取得了明显的效果，"随着消费升级趋势的进一步提升，我们有理由相信，未来中国酒行业的结构性调整速度将不断加快。"

9.3 食品安全溯源 + 区块链

9.3.1 食品安全溯源行业发展现状

食品安全溯源系统，是指在食物链的各个阶段或环节中由鉴别产品身份、资料准备、资料收集与保存以及资料验证等一系列溯源机制组成的整体。食品溯源系统涉及多个食品企业或公司，涉及多个学科，具有多种功能，但基本功能是信息交流，具有随时提供整个食品链中食品及其信息的能力。随着食品安全溯源系统技术不断加强，食品安全溯源系统的自动化程度日益提高，性能不断增强，而成本却有所下降。我国食品安全溯源系统不断进步，产业链不断完善。

食品安全溯源系统的建立由政府主导推动，通过食品产业链上的各方参与来实现。我国食品安全溯源系统上游主要为软件、农产品生产、计算机设备等行业，下游主要为食品加工企业、食品流通企业以及消费者等。

为了推动我国食品安全溯源系统行业的快速平稳发展，完善我国食品安全溯源系统产业链，政府颁布一系列措施推动我国该行业的发展，规范市场竞争，提高我国食品安全溯源系统的竞争力。

9.3.2 食品安全溯源行业的痛点

目前食品安全溯源系统的应用广泛，但受技术条件的约束，需求量尚未完全打开。随着国家对食品安全的愈发重视，食品溯源系统的应用需求将会越来越大，使用范围也将越来越广，未来下游的强劲需求和上游的供应压力，必将带动食品安全溯源系统市场规模持续走高。

① 市场不规范、监管不健全

一把钥匙开一把锁，可是面对良性的食品安全溯源机制，而乱贴溯源码、低价出售信息混乱溯源码等扰乱市场秩序的行为，使得溯源码成为万能钥匙，既让消费者深受其害，又加大监管部门查处难度。媒体曾经曝光，企业提供溯源码的定制服务，200万个起定制，价格为每个0.02—0.08元，产地等追溯信息竟然完全由定制方自行掌握。

食品全程可追溯的意义在于，消费者所购食品一旦出现问题，便可追溯到具体出现问题的环节，并明确涉事企业或责任人。这种看上去"马后炮"的系统，对于消费者来说，却依然是保证食品安全的有力措施生产链和供应链的复杂化，使得消费者对获取终端产品的安全信息也变得愈发困难，但屡出问题的背后是溯源信息存在造假或者监管不严。可是追溯系统的建立是公推的食品安全之路，但前提必须是所有的记录都是真实的。

"裸奔者"也好，"伪装者"也罢，在消费者如今已经越来越难直接对接生产者的背景下，一条完整的溯源信息，除了有尽量详尽的环节记录外，信息的准确度更为重要，否则将无法实现其"确责"和"召回"的意义。

② 追溯成本压力尚难化解

普华永道中国审计市场主管合伙人谢小舟介绍，一个完善的食品安全追溯体系能够厘清生产环节各相关主体的职责，明确管理主体和被管理主体各自的责任，并能有效处置、追踪不符合安全标准的食品，正确定位问题责任方，从而建立有效的食品质量安全监管体系。

然而，业内人士指出，在全国范围内全面推行食品可追溯体系建设却并非易事。

"2017 年，食品企业质量安全信息追溯体系在部分婴幼儿乳粉企业中试点推行。"业内人士表示，全面推行可追溯体系还需要解决成本、标准以及消费者认可度的可操作性问题。

上海奶业协会相关负责人表示，对大型企业来说，通过连年的完善以及成本摊销，压力尚可以化解，而对中小企业来说，"临时抱佛脚"式的对接追溯系统方式则意味着不小的成本。

工信部消费品工业司相关负责人曾表示，国内食品追溯的产品编码和追溯标准规范比较混乱，增加了企业建设追溯体系的负担，抑制了消费者追溯积极性，阻碍了企业间的互联互通和互解析，影响了政府部门间信息共享和社会共治。另外，消费者对可追溯体系的接受、认可、使用，也需要进一步通过宣传普及。

③ 追溯链条不统一妨碍追溯

如今，不少地区开始利用地方法规的形式，试图突破一些障碍。2016 年 4 月，上海市食品药品监督管理局局长阎祖强在做客"2015 上海民生访谈"时表示，上海力争利用地方法规，明确食品安全追溯体系的品种范围、信息公开范围。同时，上海 2016 年准备依靠云技术和大数据，建立食品安全信息大平台，统一食品商品代码，进沪产品实现代码追溯。

9.3.3 区块链解决方案

随着科技的进步，互联网技术第四次革命性创新的区块链技术，直击食品安全痛点的食品追溯领域越来越多地被应用，或可将为"食品安全"的方程式解开。

区块链具有不可更改性，如果修改，那么后续区块将不再匹配，就会导致信息篡改作废，因此区块链技术这种不可篡改、公开透明性，对于围绕食品安全的溯源领域将有无限潜力。

目前，区块链溯源技术作为排查食品信息来源的一种工具已被人们所用。在食品安全中，通过区块链 + 食品追溯，消费者、加工商不仅能实现透明交易，还能查询到这件商品从源头、加工，到出厂、上架、销售所经历的所有历程。

对于政府部门来说，利用区块链 + 食品追溯，供应链流程可以做到完全透明、可追溯，从食品链条的任意一点都可以快速定位到源头，方便其管理、追责。对于商家来说，如果某种食品出了问题，通过区块链溯源技术，商家在短短几分钟之内立即就可以查出问题的关键所在。

对于终端消费者来说，区块链溯源将给其带来便利，消费者只需要通过智能手机扫描二维码，就可以很方便地获取商品信息，诸如产品来源地、生产日期、加工过程、销售渠道等数据。

9.3.4 行业展望

近几年，国内食品溯源系统行业产品均价整体呈现增长态势，从 2014 年的 311.3 万元 / 套增长到了 2019 年的 332.2 万元 / 套。

2014 年我国食品溯源系统行业市场规模 4.39 亿元，2019 年增长到了 19.93 亿元。

2014 年我国食品溯源系统产量约 152 套，2019 年增长到了 622 套。

2014 年我国食品溯源系统需求量约 141 套，2019 年达到了 600 套。

目前食品溯源系统的应用广泛，但受技术条件的约束，需求量尚未完全打开。随着国家对食品安全的愈发重视，食品溯源系统的应用需求将会越来越大，使用范围也将越来越广，未来下游的强劲需求和上游的供应压力，必将带动食品溯源系统市场规模持续走高。

第 10 章　数字经济下媒体通信领域的区块链应用落地案例

积极推进区块链与媒体融合发展，不仅有利于拓展区块链技术的应用领域和发展前景，也将助力推进各级媒体中心协同作业，推动媒体融合数字化、规范化发展。

　　媒体融合（media convergence）是一种信息时代背景下媒介发展的理念，最早由美国计算机科学家尼古拉斯·尼葛洛庞蒂提出。媒体融合就是一个发展过程，不是终结，是所有媒体全媒体化的过程。媒体融合就是一种手段，不是目的，是通过各种媒体相互融合，最终实现全媒体化的手段。

　　由于互联网技术使信息传播成本降低，现代化的数字压缩技术使网络传输系统兼容了文字、图片、声音、影像等传统媒体传播手段，超强的加载能力使传统媒体越来越不具有优势。当前传统媒体之所以还存在，主要是因为传统媒体发展时间长，发展出了很多利益团体，还有部分人习惯使用传统媒体，从实用角度讲，传统媒体形式已经没有生命力了。设想这样一种情况，如果网络出现在报纸和电视之前，怎么还会有报纸和电视的诞生，它们只会成为网络上的一种形式而已。正因为如此，所以传统的传媒利益集团一定要尽快寻找发展的新思路，与网络对接。广电媒体与互联网相互整合的过程，就是这样一种体现，与其说它是一种跨媒介的扩张，还不如说是行业联合的试探。横跨广电和电信两种业务的融合繁衍，开始结出媒体融合的果实。

媒体融合不仅仅是信息采集渠道和传播通道的多元化，重要的是，媒体工作人员可以根据多媒体的原始素材，综合整理提炼、加工，通过不同媒介传播的特点，迅捷传达信息，表现事件背后的真实，还原新闻的全貌，从而提升新闻报道的质量和深度。

针对当前媒体融合的现状，2018 年 8 月在北京召开的全国宣传思想工作会议提出了一个特别的新机构——县级融媒体中心。这个新名称首次在国家级会议上亮相。2018 年9 月，中宣部在浙江省湖州市长兴县召开县级融媒体中心建设现场推进会，要求 2020 年底基本实现在全国的全覆盖，2018 年先行启动 600 个县级融媒体中心。2019 年 4 月 11 日，中央宣传部新闻局和国家广播电视总局科技司联合发布《县级融媒体中心网络安全规范》（以下简称《规范》）。《规范》对县级融媒体中心的内容数据安全明确提出了建设要求：

一是应对内容数据进行基于国密算法的数字签名、验签，具备内容防篡改功能；

二是内容文件全生命周期中的签名变化可追溯；

三是应对重要内容数据进行基于国密算法加密保护；

四是应对内容数据存储过程进行访问控制，有效识别和防范已知、未知入侵破坏；

五是应具备内容数据被非授权访问、操作时的告警通知功能。

《规范》对内容安全提出了高标准，这对县级融媒体技术平台的内容数据安全防护手段提出了很高的要求。由于内容数据在采、编、存、播、用等环节均有可能被非法入侵，内容数据安全防护手段必须能在内容文件全生命周期中保证数据的安全。各县级融媒体技术平台已在保障融合媒体内容数据的安全方面做了很多研究和努力。其中，国产密码、区块链等技术的应用效果尤为突出。

10.1 融媒体内容安全 + 区块链

10.1.1 融媒体内容安全的痛点

融媒体平台是基于云架构的平台，相关数据和业务均存储在云中。然而，广播电视台和融媒体技术平台的内容文件在汇聚、生产、发布等环节均有可能被非法入侵，安全面临着以下风险。

① 部署层面风险

独媒体平台从原有全台网有限边界演变为无边界网络状态，内容文件的存放也变成云平台集中式存储。而目前云服务供应商尚没有统一的安全解决方案来对内容数据本身进行安全防御。所以，将内容文件提交到自身无法掌控的云平台进行计算和存储，存在被复制盗取的风险。

② 平台层面风险

随着融媒体技术平台被部署到云平台中，内容文件的汇聚、生产以及发布服务均部署于云服务器。但是，云服务器是公共资源，置于共享区域，内容数据被攻击的范围扩大。

③ 应用系统层面风险

随着融媒体各平台之间、内部应用与互联网应用之间的共享交互日益频繁，内容数据面临着诸如恶意攻击、网页挂马等威胁，存在应用系统中的内容数据被篡改、泄漏、窃取的风险。

④ 操作系统漏洞风险

操作系统本身存在各种各样的问题和技术缺陷，提供商需要定期对已知的漏洞进行修复，但仍有未知的缺陷需要发现。如果入侵者首先发现这些缺陷，就可以通过这些操作系统漏洞直接面对内容文件，进行各种非法操作。

⑤ 数据层面风险

融媒体平台中内容文件存储资源池跨多个等保区域，被多用户共享，内容泄漏和病毒感染的风险增加。同时，大量内容数据共享易造成非授权用户访问，不同业务用户存在恶意访问、身份假冒或滥用的风险。

⑥ 管理层面风险

平台系统管理员具备超常的权限，可在非正常授权的情况下，利用自身具备的权限，直接对媒体资源进行覆盖、编辑、拷贝和删除等非法操作，从而导致媒体资源内容被篡改、外泄和破坏。

10.1.2 区块链解决方案

融媒体技术平台既要有效整合各种资源，又要保证应用系统、网络、平台、数据中心边界等方面的安全性。解决方案则是以专用密码设备为基础，以区块链、国产密码算法等技术为手段，针对融媒体平台各类资源数据提供安全防护。其基本逻辑如下：

一是庞大的内容数据被存放在公有云上，而对公有云上的数据进行任何操作均需要确认操作者的身份。

二是国产密码算法被用以生成重要安全信息，如身份指纹、数字签名信息等。

三是这些重要信息将被存储在区块链上，以保证其可信度及不被篡改。

四是当操作者请求操作云上数据时，内容库向区块链验证电子签名，以确认操作者的身份信息和使用权限，保证信息安全。

融媒体内容文件数据安全防护会产生大量的重要验证信息，一旦防护策略被获悉，非法入侵者就可以对这些重要验证信息进行篡改和破坏，从而导致防护策略失效。区块链技术具有去中心化和难以篡改的特性，可以提前将融媒体内容数据信息直接存放在链上，对重要数据提供不可篡改、不可删除的保护，减少了重要验证信息因网络传输而被截取、植入、篡改的风险，因而是对传统模式的创新，当需要融媒体内容时可以直接从链上查询获取，这样不仅保证了信息的可靠性，也强化了内容文件数据的安全性。

① 县级融媒体中心内容协作及共享解决方案

县级融媒体中心省级技术平台支撑省域内多个融媒体中心的宣传管理、内容监管、通联协作和内容交换业务。平台将负责大量的内容汇聚、生产、存储、交换、发布等工作，操作过程中将身份指纹、签名信息上传至区块链存证，利用区块链进行内容校验、查询比对，从而减少验证重要信息的网络传输，规避传输泄密风险。

② 终端发布内容数据安全防护应用解决方案

融媒体扩展了更多的互联网发布渠道，如"两微一端"、户外大屏、电子阅报栏、楼宇电视等终端。这些终端发布的内容数据同样需要进行安全防护，以确保展示给用户的内容都是合规、一致的。融媒体发布终端需要具备内容数据安全防护模块，利用区块链技术和国产密码对终端发布内容数据进行合规性、一致性验证。在发布终端播放媒体文件内容时，调用校验模块到区块链上校验媒体资源文件内容的可信性和完整性，保障终端不发布被篡改或来源不明的内容，规避不合规的内容发布和扩散。

10.1.3 行业展望

针对全国县级融媒体中心建设，中宣部和国家广播电视总局先后发布了《县级融媒体中心建设规范》《县级融媒体中心省级技术平台规范要求》《县级融媒体中心网络安全规范》《县级融媒体中心运行维护规范》《县级融媒体中心监测监管规范》共 5 项县级融媒体中心建设标准，为指导中心建设提供了关键性、基础性政策支撑。在县级融媒体中心的建设和应用中，内容数据是根本，内容数据安全是中心建设的重要组成部分，数字化、平台化、规范化、密码化是趋势。本案例中，融媒体内容数据安全防护利用了区块链上数据可信、难以篡改的特点，提取融媒体平台中媒资内容指纹特征登记到区块链中，保证了媒资内容在各业务环节流转过程中是可信的、没有被篡改的，为融媒体内容数据安全提供了新的防护技术手段，有利于加快在全国县级融媒体中心建设中推广应用。随着区块链技术的不断成熟，其在融媒体数据安全场景中的应用将会不断深入。

10.2 内容版权 + 区块链

10.2.1 内容版权行业发展现状

内容发展报告显示，截至目前，内容行业主要呈现出三大特征。

① 内容体裁创新，垂直细分领域仍是蓝海

前者表现为短视频、条漫包括直播内容的爆发。过去一年，条漫作品的赛道上杀出不少千万级阅读量的黑马，而受2020 年以来疫情的影响，越来越多线下产业都在转型线上短视频直播，加速了直播新时代的到来。

后者体现在随着越来越多职业创作者的涌入，带来内容创作的破界、细分垂类繁荣，由此涌现出众多特色小众的细分类别，如手工、钓鱼、汉服、诗词、广场舞等。

头条内容发展报告中以今日头条为例，2018—2019 年头条号垂钓领域创作者从 2000 多人增长至 30000 多人，发布作品超 46 万篇，总阅读量超 31 亿。整体来看，该平台的细分垂类超过 100 个，且小众内容表现突出。

类别虽小众，但其中不乏粉丝众多的头部创作者，内容行业发展趋势向好。以 @ 科学钓鱼为例，这位作者已经在今日头条积累了 74 万粉丝，他的内容以实钓内容 + 测评为

主，头条阅读量基本在几万到几十万之间。在他开始做科学钓鱼内容的第一个月，就有一篇题为《红虫的六大骗局》的文章获得 10 万 + 阅读。

垂类小众内容的变现能力也不可小觑。同样以 @ 科学钓鱼为例，据新榜 2019 年 11 月的报道，这位作者的钓鱼周边小店年营收达到 100 万，其中粉丝购买占比 83％。这种特定圈层的专业内容信任度，往往会带来更强的用户购买力，从这点也能看出内容行业发展趋势逐步向好。

垂类内容作品数量及阅读量的迅猛增长，展现了市场对创作者的认可、对垂类内容的需求，垂类和小众创作者的发展空间仍然很大。

在不断细分的内容背后，是多元化职业背景的创作者。

头条内容发展报告显示，内容行业迎来了越来越多的"跨界人士"，创作者职业背景日益丰富。据新榜调研，四成新媒体从业人员的内容以专业优势为基础，辅之以个性化的人格特征，他们在内容行业获得了良好发展，可见良好的内容行业发展趋势仍在。

换句话说，隔着屏幕的那边有 40％的创作者，他们可能并不是职业的新媒体从业者，而是医生、厨师、渔民等各个领域的专家能手。

例如过去一年，凭借沙雕而强悍的手工技艺扬名国内外的手工耿、5 天涨粉 100 万，走红长安城的不倒翁小姐姐皮卡晨，还有专柜顾问出身、在抖音爆红的口红一哥李佳琦。

新媒体创作，内容为王，这句话从来都不只是体现在形式上，而是依托于各种各样的专业能力与见识当中。当前，内容创作趋势显现多元化，主要体现在创作职业背景等方面。

② 创作者规模持续增加，下沉市场体量增长

头条内容发展报告中指出，近年来一直备受关注的银发和下沉市场，创作者的数量也在稳步增长，并涌现出一批优质的头部创作者。如抖音的 @ 末那大叔、头条号的 @ 张召忠、快手的 @ 农村会姐等内容创新作者，他们不仅在单个平台上拥有千万级粉丝，在其他平台乃至全网也有一定的影响力。

此外，头条内容发展报告还指出内容行业发展趋势已突破地域界限。过去一年，越来越多不同国籍、不同肤色的外国人借助互联网向中国用户展示创意内容，获得关注和收益。而国内以 @ 李子柒为代表的内容创作者们也同样把内容推向全世界，促进中国与世界的双向交流。

在头条内容发展报告中还明确地展示了当前的内容行业发展趋势，相较于头部资深创作者，对于从零起步的新创作者而言，内容产业仍然有未尽的入局流量红利。我们发现有很多作者实现从 0 到 1 的快速进阶，他们通过优化运营策略，解决零资源、零流量等问题。而对于发展中的创作者而

言，打造 IP 是提升竞争力、形成差异化内容壁垒的有效举措。对于这些作者，可以通过塑造与建设内容品牌，实现从追随热点到引领粉丝、引领话题的跨越，延长生命周期，并建立内容竞争壁垒，突破阶段性发展局限。

头条内容发展趋势报告中还指出，打造 IP 的过程中，仍然可以借助平台的扶持。如今日头条的"IP-UP 计划"，通过 1000 万资金、20 亿流量联合优质内容创作者们定制独家短视频节目，为创作者提供全方位的视频拍摄服务支持，帮助作者打造自己的短视频节目，推进创作者个人 IP 的打造与升级。

③ 内容行业发展趋势向好，变现方式更多元，直播电商成变现新选择

目前来看，创作者一方面通过电商、广告、内容付费进行自主变现，另一方面也会和平台合作变现。头条内容发展报告指出，2019 年，创作者自主变现比例稳步增加。

创作者通过自主变现扩大营收具有很大的想象空间。据今日头条方面提供的数据，2019 年创作者非平台激励收入占比由 2018 年的 30% 上涨至 60%，今日头条助力创作者营收 46 亿，由此可见内容行业发展趋势逐步向好。

而在自主变现上，内容电商表现非常亮眼，也吸引了诸多创作者积极尝试，内容电商也呈现出以下四个特征。

① 直播电商成为最热风口，创作者积极试水

2019 年被称为直播电商元年，根据光大证券数据显示，直播电商总规模预计将达 4400 亿，其中抖音直播预估实现年 GMV400 亿、淘宝直播预估实现年 GMV2500 亿。

头条内容发展报告指出，相较于传统电商，直播电商不仅是消费形态的改变，更是将消费的核心由"商品"拓展到了"主播＋商品"。当然，这也对创作者和其团队的能力提出了更高的要求：商务能力、执行力和内容策划能力。

尤其受 2020 年疫情的影响，众多线下产业受创转而发展直播电商，各互联网平台也相继发布利好合作政策，邀约线下实体产业加速线上转型，成为现象级风口，内容行业发展趋势同样被业内人士看好。

② 内容＋电商深度结合，影响力价值变现最大化

内容电商的底层逻辑即通过内容引发用户需求，影响用户的购买行为，让产品得以触达更多潜在客户，同时通过适当的运营方法及建立用户信任促进销售转化。内容电商比拼的是创作者的内容力，即内容对产品转化的影响大于商品本身，而产品力、内容力和运营的合力则驱动内容实现价值最大化。

③ 组合拳搭建多元商业模式，实现内容价值最大化

头条内容发展报告还指出，创作者在自身发展的过程中也不断探索内容电商、内容付费、广告合作等多种变现方

式，制定个性化的商业组合拳，同时还结合自身内容与用户特征，在风险和收益中寻找平衡。

对于创作者而言，内容电商也将是未来实现商业化的重要途径，目前各资讯平台、直播平台、电商平台、短视频平台均在加大对内容电商的投入，内容创作趋势日益凸显。

据了解，截至 2019 年 11 月，仅通过内容电商获取收入的头条创作者就突破 4 万人。这也将进一步驱动内容影响力势能持续释放。

④ 政策引导平台守门，引导行业良性内容生态

内容监管已由"监管为主、平台配合"，过渡到"政策引导，自我把关"。头条内容发展报告还提出，目前，各个平台都在通过成立人工审核专业团队、公示处罚结果、发展智能审核技术、完善内容监督功能等举措，引导内容生态的正向发展。

10.2.2 传统版权行业的痛点

根据相关数据监测，2019 年内容传播总量高达 3328215 次，内容传播市场流通活跃度较高，且版权侵权情况有所好转，从作者层面看，2019 年被侵权的作者占全体作者的 23%，在 2016 年，被侵权作者的占比高达 59%，三年来已经下降 36%。从内容层面看，平均每篇内容的被侵权量为 3.64 次，在 2018 年则是 8 次，数量也已经有显著下降。

需要关注的是，在所有被侵权作者中，情感、娱乐领域的作者数量最多，分别占被侵权作者总量的 44.4% 和 7.9%，加起来超过总数的一半。然而，从侵权程度来说，科技、文化领域的内容被侵权情况却是最严重的，基本上每两位科技、文化领域的作者中，就会出现一位被侵权的作者。这也说明，创作门槛越高的领域，作者越容易被侵权，科技、文化等更为垂直的领域侵权发生概率更高。

在各平台侵权与被侵权内容方面，作为图文内容输出大户，微信公众平台仍然是侵权发生量最多的平台，疑似侵权量超过 50 万次。然而，在 2018 年度的相关报告中，微信公众号中 92% 的侵权都发生在公众号之间，但到了 2019 年，该项数值已经降低了 77.8%，微信公众号中只有 14.2% 的被侵权内容是来自公众号内部。这也从侧面说明，当各大平台都开始重视自身版权保护体系建设之时，跨平台的外部侵权依然是重要隐患。

的确，相关机构统计了微信、头条、百家、大鱼等平台的被侵权内容流向后发现，自媒体平台的被侵权内容流向基本呈环状传播，头条号、公众号、大鱼号、网易号、百家号、搜狐号的被侵权内容互相流动。

以头条号为例，流向其余五个平台的被侵权内容占比达 40.5%，大鱼号流向其余五个平台的被侵权内容占比为 49.4%。这也说明，资讯类平台的受众重合度较高，优质内容在自媒体平台形成的"圈子"里流动，侵权所造成的损失也更大。

除了图文内容，音频、视频、图片、付费内容等亦在监测之列，数据显示，此类内容的侵权平台以闲鱼、转转、淘宝、微店等电商平台为主。其中，闲鱼作为国内第一大二手交易平台，无论是用户量还是交易量都领先于其他平台，其在付费内容上的侵权量与其他对等平台相比数据体量较大，后续应该加强平台的版权保护力度。

同时，根据计算各平台被侵权内容占比发现，今年被侵权内容占比最高的是什么值得买，平台内容被侵权占比已经达到了73.4%。相关机构分析后认为，2019年，越来越多的垂类种草社区、达人内容社区、电商直播带货、短视频平台入局电商导购领域，电商平台所面临的竞争越来越激烈，没有优质的内容和新颖的导购玩法，平台就会逐渐失去竞争力。这也是为什么2019年电商导购类的内容被侵权量会有显著上升的重要原因——市场对电商导购类的内容需求正在不断上升。

2019年，相关机构统计包括头条号、百家号等图文平台，微店、闲鱼、转转等电商平台，还有优酷、爱奇艺等视频平台。统计数据后可以发现，2019年整体治理情况良好，有73%的平台版权治理率都在90%以上。其中，今日头条、简书的版权治理率达到95%以上。

视频平台的版权治理率普遍较高，版权治理情况接近100%，这也说明，视频平台的版权治理意识相对较高，对侵权行为的容忍度较低。

与视频平台不同，电商平台的版权治理率落差较大，排在第一名的转转比排在最后一名的拼多多高了约25%。在各大电商平台版权治理率普遍高于95%的情况下，拼多多应该引起重视。

在各个平台中，数据断层最明显的是图文平台。2019年版权治理情况最佳的简书版权治理率能达到100%，同属于骑士版权联盟成员的百家号、大鱼号也都在80%以上。相比较而言，网易号只有13.2%的版权治理率，差距非常大。这一方面是因为图文内容的抄袭门槛低，不如视频等作品抄袭成本和难度高；另一方面也是因为"洗稿"等现象的存在让图文内容侵权行为更为隐蔽。不过，这也意味着，图文平台是否具备较高的版权意识和完善的版权保护体系，将很大程度上决定创作者权益是否能得到真正保障。

要想了解各个平台的侵权治理情况，仅仅依靠版权治理率是不全面的，侵权发生后的响应效率同样是一个非常重要的指标。相关机构统计了各平台的治理周期后发现，多数平台的治理周期都在1—12天范围内变动，相较2018年来说，有所缩短。

不过，平台相互之间的差距依然存在，治理情况最佳的平台平均 1.7 天就能走完维权流程，比如腾讯视频、闲鱼都在此列；而治理情况还需改善的一些平台，如百度贴吧、快手资讯等平台的平均治理周期就要达到近 10 天、13 天。

在不针对某一个具体平台的情况下，根据相关机构数据库的数据计算，平台平均维权周期在 7.4 天左右。以此为基准可以发现，在经过测试的 22 个平台中，19 个平台都低于总体平均值，12 个平台能在 3 天内就完成维权，治理情况还是相对较好。

值得一提的是，视频平台的维权周期普遍较短，联系版权治理率来看，视频平台的两项数据指标都相对领先于其他平台，无论是优酷、爱奇艺、腾讯还是哔哩哔哩，维权周期都在 2 天左右，这与视频平台完善版权治理体系、逐步推广投诉线上化脱不开关系。

过往各视频平台皆设立投诉邮箱以及投诉函件的寄送地址，而权利人则可以以邮件或者发函的方式进行侵权投诉。然而，这两种方式则存在侵权投诉处理效率低下的问题，因此，有些视频平台已经开始逐步推广线上投诉平台，以促进投诉材料的规范化、提升侵权投诉的处理率。

随着版权保护力度以及版权意识的提升，线上化的投诉平台将是未来的趋势。

优酷、爱奇艺、腾讯视频等主流视频平台的版权治理情况在不断改善，然而，抖音、快手、微视、秒拍、火山小视频等短视频平台却迎来侵权挑战。

相关机构统计了迄今为止比较有代表性的短视频侵权案件后发现，从字体、配乐到视频，短视频侵权的形式五花八门，因其上传速度快、传播范围广，造成的危害更加难以估计。而且短视频侵权的法律属性较为模糊，其究竟属于"作品"还是"制品"有待商榷。因此，诸如电影解说、游戏直播、原画配音、美妆教学等领域的内容到底属于对原作品的合理使用，还是属于侵权行为，现阶段很难有标准答案。

相关机构统计了部分短视频平台的版权保护手段。目前来看，抖音是几个短视频平台中版权治理体系最完善的，其投诉入口共有三个，一是通过官网上的投诉邮箱发函进行投诉；二是从作品入口直接进行投诉；三是从视频上传人简介页面进入投诉渠道。

而从投诉流程来看，抖音是唯一一个对著作权、商标权、名誉权、肖像权、隐私权作出侵权区分的平台，且是唯一一个要求留下权利人邮箱、电话等个人信息的平台。

不过，在跨平台侵权的问题上，微视则是唯一一个在投诉流程中设置"原发布平台"选项的平台。而快手的作品举报必要引导较少，举报人除了举报理由必填以外，原作者快手号和原链接都是选填。秒拍和火山小视频的投诉方式更加简单粗暴，点击投诉并确认后，直接就提示已投诉成功，但具体投诉原因、后续处理方式等均未给出解释空间。

除了短视频侵权问题要及时引起重视以外，2019年国内小程序侵权第一案的进展也得到了高度关注。

小程序于2017年1月正式推出，是一种不需要下载安装就能即刻使用的应用，因其具有"触手可及"、几乎不占空间和内存以及功能同传统应用软件没有差异等特点而迅速火爆、广受好评。

然而，小程序推出后的两年，侵权问题也随之而来。据腾讯官方对外数据显示，2018年全年关于微信小程序侵权的投诉就有近4000件，且侵权发生场景多样，从小程序的昵称、头像、功能简介到小程序内容本身，均有侵权行为发生。

但是，小程序侵权究竟该如何定性？对于权利人来说，如果有小程序未经授权传播了其作品，创作者到底该找谁去维权？是小程序开发者，还是小程序平台，抑或是两者？维权骑士以2019年小程序侵权第一案为例，具体来说明这个问题。

2019年一开年，国内第一起小程序侵权案就在杭州正式打响。被告方百赞公司，未经版权方许可，在其所经营的微信小程序"在线听阅""咯咯呜""回播"上提供了《武志红的心理学课》的在线播放服务。随后，维权骑士所属刀豆公司，将百赞公司与腾讯公司告上了法庭。

案件发生后，刀豆公司向杭州互联网法院提起民事诉讼，诉请微信小程序服务提供者腾讯公司立即删除侵权微信小程序，百赞公司及腾讯公司立即删除侵权微信小程序上的侵权作品并赔偿损失及合理费用。

2月，杭州互联网法院针对小程序侵权第一案作出了一审判决，百赞公司需赔偿刀豆公司15000元的经济损失，原告其余的申诉被全部驳回，腾讯公司无须承担责任。11月，杭州市中级人民法院针对该案作出二审判决并提出，腾讯作为微信小程序这种新型网络服务的提供者，应该采取其他必要措施。

我们可以发现，二审裁判结合网络服务的内容、方式和技术特点等方面，综合评判网络服务的类型，将微信小程序服务认定为"新型网络服务"，认为该案适用于《侵权责任法》第三十六条，并从"必要性"层面准确把握"通知—删除"规则的适用，认定腾讯应当采取其他必要措施。

这也就是说，针对新型网络服务，"通知—删除"只是备选的必要措施之一，至于是否适用，应当回归案件本身，综合侵权行为表现、严重程度，衡量是否超过被侵害权利救济的必要性。

随着公众对版权问题的关注日益提升，创作者对版权风险的担忧也在不断加深，如何避免侵权成了创作者们关心的问题。

2019年，从papitube被诉侵权到绿洲App图标涉嫌侵权，再到大连城市logo设计被指抄袭迪士尼，因为版权意识淡薄而"翻车"的案例不胜枚举，且一旦翻车，对品牌形象的损害远比金钱赔偿更难以挽回。

根据相关机构问卷调查数据显示，超过80%的创作者认为，侵权他人后多半会被发现。并且，超过90%的创作者都表示担心自己的作品会陷入侵权纠纷。但其中，只有约28%的创作者认为自己绝对不会侵权，有一半的作者表示自己并不想侵权，但是可能在无意中使用了他人的素材，最终会导致侵权。

而在版权侵权的多发场景方面，73.81%的创作者认为侵权更有可能发生在文章侵权领域，57.14%的创作者认为图片侵权同样发生率很高。这也说明，文章和图片仍然是大多数创作者侵权的雷区，创作者对图文侵权事件较为敏感。然而，这也同时透露，对于视频、配乐、字体这些相对隐蔽的侵权场景，虽然侵权案例数量在不断增加，但在现阶段，创作者对这些场景的警惕性仍然不高，重视程度不如图文侵权。

陷入侵权纠纷到底会给创作者带来多少实际的损失？

根据Openlaw裁判文书数据统计，2019年1—10月文章版权纠纷的裁判文书数量共计1269个，相较2018年总量同比减少近28%。其中，维权成功率达到78.8%，与2018年

79.7%基本持平。在赔偿金额方面，创作者一般请求每篇侵权文章的索赔金额同样在10000元/篇。

统计数据显示，明确提出索赔金额在10000元/篇的创作者占比达到77%。不过，相关机构分析了随机抽取的100个案例后发现，实际赔偿金额基本维持在2000—5000元左右，总计占比61%，且实际获得赔偿金额3000元/篇、4000元/篇的创作者是最多的，分别都占到11%。

除了图文领域的侵权风险较大以外，更令人防不胜防的，其实是在字体、视频、配乐等相对容易被人忽视的领域。据相关媒体报道，早在2016年，淘宝天猫平台上仅因字体侵权产生纠纷的卖家就超过了2万家，且大部分商家并不清楚使用不同的字体也会涉及版权问题。

截至目前，在Openlaw裁判文书检索中搜索"字体侵权"后可以发现，涉及字体侵权的知识产权与竞争纠纷，裁判文书数量已经达到了11585个，其中进入审判程序的案件数量有8430起，应诉率达到72.8%，有约28%的企业选择在开庭前就完成庭前和解。但在进入审判程序的案件中，大量案件原告均能胜诉，胜诉率高达89.4%。

值得一提的是，通过对字体侵权的相关案例进行分析后发现，方正字库、汉仪字库等字体公司在提起维权诉讼时，申请赔偿的金额多在5—10万不等，结合侵权字体数量，可以得知平均每个字的索赔金额在3000—10000元，远超"一字千金"。其中，如果侵权字体是被运用到企业标识、品牌 logo 等商业活动，则赔偿金额会更加高昂，甚至翻到数倍。

不过，相较索赔金额而言，实际赔偿金额仍然会相对低一些，判决通常会考虑涉案字体的作品类型、知名度，被告使用、销售侵权商品行为的性质、篇幅所占大小、后果及悔过态度，原告请求赔偿的合理开支等诸多因素作出综合判断。最终，字体侵权的实际赔偿金额多在 3000—50000 元不等。

10.2.3 区块链解决方案

版权保护的核心问题，即正确的用户拥有正确的作品，以正确方式发布，并且以合理方式呈现。一般涉及内容的权属界定、保护措施和侵权鉴定。传统的保护措施包括身份认证信息、内容加密技术、水印技术等。由于区块链采用分布式账本数据库，具有去中心化、信息不可篡改、集体维护、可靠数据库、公开透明等特征，被业界认为是天然适合版权保护的技术。据了解，目前，区块链技术在版权登记确权、版权交易、涉版权案件司法审判、证据链保存等方面均有应用。

市场主体也结合自身情况对区块链应用方面表达了观点。爱奇艺公司法务总监胡荟集总结了当前视频版权保护的难点，指出区块链在版权保护上的应用主要分为确权类和侵权类；确权类存证场景分为知识产权权属证明和平台公告证明；侵权类存证场景分为侵权结果状态的取证和对侵权行为过程取证。

当前，版权内容市场存在确权存证可信度低、维权溯源举证困难等问题。北京邮电大学区块链实验室负责人说，通过设计有取证节点、维权节点、确权节点、可信第三方节点的高可信版权区块链，加上加密手段，具有认证能力、安全存储能力。链上信息可以查询基本内容，但是不会暴露商业敏感信息和用户隐私。

区块链标准化、效率、安全与隐私、创新应用、底层的密码技术支撑等方面，是学界和业界共同关注的问题。中国传媒大学计算机与网络空间安全学院副教授姜正涛说，区块链目前只是在确权、存证方面，保密、隐私等方面还考虑得比较少，这方面的发展会引进一些密码协议。

"区块链技术能够低成本提供多样化授权的可能性。它的去中心化特点不仅体现在确权模式上，在知识产权领域将来会更好地体现在交易环节中。"中国人民大学知识产权学院副教授姚欢庆认为，区块链若想在确权阶段真正发挥作用，不是平台自己做区块链，而是行政机关更好地结合区块链技术降低作者的确权成本。

区块链认证是目前法官采信证据的一个痛点。法官往往兼职"鉴定人"身份，不可避免地要先判断区块链平台真伪。

北京互联网法院法官张博介绍说，高达80％的与版权有关的侵权案件中，当事人基本上是采取可信时间戳、区块链第三方存证公司存证以及公证处存证等手段进行取证、固证。

10.2.4 行业展望

根据公开数据显示，截至2017年，中国的版权产业达到6万多亿元人民币，大概占全国GDP总产值的7.35％。2018年，我国网络版权产业的总规模有7400多亿元，网络版权产业发展规模和速度都较为抢眼。这些数据都表明了中国的版权产业正在稳步增长，版权产业数字化和网络化趋势非常明显，版权产业在内容、技术、商业的融合发展越来越快速。

随着中国经济总量实现飞速发展，中国的消费结构正在发生快速改变，文化类高端消费上涨，由于有大量政策扶持，中国的版权产业正在更好更快地向前发展。

区块链的诞生将会加速中国版权行业的发展，在区块链技术的推动下，数字内容的传播速度和广度正在呈现爆发式增长。未来，这个价值万亿级别的市场将会有更大的发展空间呈现在我们面前。

10.3 数字出版＋区块链

10.3.1 数字出版行业发展现状

数字出版是人类文化的数字化传承，它是建立在计算机技术、通信技术、网络技术、流媒体技术、存储技术、显示技术等高新技术基础上，融合并超越了传统出版内容而发展起来的新兴出版产业。

2018 年国内数字出版产业整体收入规模为 8330.78 亿元，比上年增长 17.8％。其中互联网期刊收入达 21.38 亿元，电子书达 56 亿元，数字报纸（不含手机报）达 8.3 亿元，博客类应用达 117.3 亿元，在线音乐达 103.5 亿元，网络动漫达 180.8 亿元，移动出版（移动阅读、移动音乐、移动游戏等）达 2007.4 亿元，网络游戏达 791.1 亿元，在线教育达 1330 亿元，互联网广告达 3717 亿元。移动出版和网络游戏的收入，在数字出版总收入中所占比例分别为 24.1％和 9.5％，两者合计占比 33.6％，超过全年总收入规模的三分之一，移动出版和网络游戏仍是数字出版产业收入的重要支柱。

截至 2018 年 12 月，我国网络文学用户规模达到 4.32 亿，占网民总数的 52.1％。网络文学作品总量超过 2400 万部，其中签约作品近 130 万部，2018 年新增签约作品 24 万部。国内重点网络文学网站签约作者达 61 万，并有上千万作者参与创作。

在全媒体发展已成为必然趋势的当下，传统书报刊数字化业务的日渐式微，已是不可逆转的趋势。要求传统新闻出版单位积极适应信息化要求，加大数字化转型升级的力度，加快推进融合发展进程，探索产业新形态、研发新产品、开展新服务，提升产品质量与服务水平，增强传统书报刊企业在数字内容产业中的核心竞争力。

2018年，出版业转型融合持续深入。出版单位对融合发展有了更加全面深入的思考，纷纷围绕"融合出版"进行规划布局，借助新技术、新形态和新媒介，在内容、产品、品牌、模式等方面持续探索，创新能力有了显著提升。部分出版单位已初步形成了全媒体融合产品矩阵，实现了内容多元开发和版权的多维增值。出版单位服务能力进一步提升，充分顺应全媒体融合发展趋势，满足用户多元化、多层次、细分化、多场景化的内容获取需求。传统出版单位以音视频为着力点，深耕自身优势内容资源，开展知识服务布局，目前已涌现出多个知识服务品牌，形成了自身的优势特色，并取得了较好的市场反响。出版融合发展重点实验室实施建设一年多以来，成果显著，为出版业融合发展的路径创新积累了有益经验。

2018年，短视频领域发展势头持续强劲，并在行业格局上发生较大改变。抖音迅速崛起，追平快手。大型互联网企业也向短视频市场集体发力，或搭建特色短视频平台；或通过战略投资，将短视频作为数字内容生态布局中的一环；或扶持创作团队，加强原创内容生产。传统媒体也纷纷涉足短视频，借助这一新兴领域，提升自身舆论传播能力。

10.3.2 数字出版行业的痛点

版权交易制度以平衡产权个体与大众利益为目的，当前国际通行的著作权法与国际公约均高度重视保障不同出版主体权益。随着数字出版的勃兴，传统的出版交易格局逐渐转向创作去中心化与传播去产权化，打破了利益相关者权益的平衡：一方面，数字出版技术允许出版商和社会公众匿名对数字作品进行多轮传播，可能损害著作权人的合法权益；另一方面，数字出版商出于利益最大化考虑，以合同方式打包获得版权人的批量授权，从而使版权人陷于不利地位。

具体而言，数字出版利益相关者权益失衡主要表现在三个方面：一是版权人与社会公众之间的利益失衡，即由难以追溯版权人所产生的确权难、维权难矛盾；二是版权人与出版商之间的利益失衡，即由出版商话语垄断所导致的侵占版权人利益矛盾；三是出版商与社会公众之间的利益失衡，即由数字出版背景下版权法合理使用原则失灵所引发的让渡公众利益矛盾。鉴于此，文章在系统梳理数字出版利益相关者利益失衡的现实表现基础上，阐述借助区块链技术平衡数字出版利益相关者利益的可行性，探讨保障数字出版利益相关者权益的实践策略。

与传统出版的高传播成本、一元化传播渠道有所不同，数字作品可进行多轮匿名大范围传播推广，既难以追溯传播责任主体，又无法对数字作品的流转路径实施全时监控。由于数字作品的版权登记流程不甚合理，版权人逐渐丧失对数字作品部分内容、功能、价格的知情权，同时居高不下的版权登记成本也影响了版权人的版权登记意愿，从而加剧版权人与社会公众之间的信息不对称。数字作品交易力度过大亦是加剧二者权益失衡的重要原因，目前的交易机制无法保障社会公众对数字作品特定内容的选择权，这不仅不利于提振消费者的购买欲望，而且损害了版权人参与数字出版的合法权益，不利于数字作品传播。

就传统出版产业而言，出版商置身于完全开放竞争的市场体系，因此鲜有版权人与出版商之间的权益纠纷，但数字出版权具有寡头垄断特征，即每个细分产业领域由为数不多的行业巨头主导数字作品的发行媒介与发行链条。正是由于行业巨头长期占据行业大部分资源，且往往采用打包协议方式来一次性获取数字作品版权人授权，将版权人排除在数字作品分发与运营体系外，导致出版商有机会伪造数字作品营销数据，从而使版权人蒙受巨大的权益损失。这种缺乏可信监管机制的数字出版发行模式，让版权人长期处于利益博弈的弱势地位，出版商则可攫取远高于版权人的商业收益。

当前通行的出版产业法规均将合理使用作为保障利益相关者权益的重要原则：在法律限定的范围内，社会公众享有使用出版作品的许可豁免权。而数字出版对合理使用原则产生了极大冲击：一方面，由于数字作品具有虚拟化、可复制、易传播等特点，如何确定合理使用边界成为学术界与业界的争议焦点，且容易在出版商与社会大众之间产生版权纠纷；另一方面，当前数字出版商通过使用在线认证等数字版权管理技术控制数字作品的使用、修改和分发，使公众难以实现作品的合理使用，事实上损害了公众权益。

数字作品天然具有可复制、易篡改、非独占等特点，加上消费者版权意识薄弱，数字作品被盗用、滥用的现象非常普遍。同时由于在线信息流转速度加快、传播网络日益复杂，导致维权举证困难、维权成本过高，相关权益往往难以得到有效保障。尤其在短视频和自媒体盛行的当下，人人都是创作者，由此引发的洗稿剽窃等行为更是屡禁不止。

每年数字内容市场因盗版侵权造成的损失额庞大。相关研究数据显示，2019年中国网络文学总体盗版损失规模为56.4亿元，在网络视频领域，数字电视研究的一份研究报告指出，奈飞、亚马逊、腾讯视频、优酷等全球范围内的流媒体因为盗版所造成的损失，将在2022年达到516亿美元，其中亚太地区的流媒体盗版情况最为严重。全球知名的正版音乐服务商声田公司也曾在一起版权诉讼中，因未能证明其对歌手和作曲人的版权归属问题，致使公司损失 384 亿元的版权费。

10.3.3 区块链解决方案

区块链本质上是分布式的记录数据库——以密码学的方式保障记录内容不可篡改与伪造，依托区块链技术提供数字作品和创作者认定服务与版权转移公示服务，不仅能简化版权登记流程，降低版权登记成本，保障数字作品的确权与维权，还可进一步提高社会公众对数字作品的知情权和选择权，有效遏制数字作品过度消费与非法传播，进而找到版权人与社会公众之间的权益平衡点。

哈希算法是区块链技术的精髓，通过对每项交易数据进行不可逆向的哈希赋值，在区块空间中创建"工作量证明机制"，可有效解决第三方交易信任问题，促进交易数据的泛在化共享。因此，打造基于哈希算法的数字出版发行通路，不仅可改变传统出版交易中版权人的弱势地位，也能在减少流通环节基础上增加数字出版发行的公信力。

应用区块链智能合约技术不仅能实现灵活的数字作品版权管理，有效维护合理使用原则，还可提高数字出版交易的操作效率，防止由技术绑架导致的出版商与社会公众之间权益失衡的情况。如英国科技公司 Digital Science 于 2017 年研发的数字出版智能合约交易机制，创造了基于 Decent（一种基于区块链技术的分布式自运行组织）的数字出版生态系统，使数字作品交易内容实现可追溯可查看，并引入区块链货币捆绑与共识机制，实现了出版商与社会公众之间的收益共享式分配。

利用区块链技术保障数字出版利益相关者权益的出发点是重塑互联网环境下数字出版交易的规则体系，增强数字出版场景的安全性与高效性；着力点是构建实现数字出版可追溯登记、极简化流转与智能化监管的交易平台；落脚点是切实解决数字作品市场化流转过程中存在的恶意侵权、维权受阻等问题。

① 降低版权登记成本，实现版权利益合理分成

版权人与社会公众之间权益失衡的症结在于数字出版著作权人认定服务滞后，且不具备权利转移公示服务能力，从而导致产权追溯与利润确权等问题。利用区块链分布式存储技术创建数字版权登记平台，可确定版权人与社会公众之间的权益边界，增强版权登记过程中权利转移的信息透明度与操作公正度，实现版权人知情权与社会公众选择权的双向增益。

凭借 P2P 网络分布式站点确认技术提供数字出版作者认定服务。可借鉴区块链数字出版平台"亿书"（Ebookchain）的做法，创建集版权登记、版权验证等功能于一身的数字版权确认系统，通过赋予每位著作权人专属"时间戳"实现海

量数字出版数据分布式存储，便于版权人实时追踪作品流转交易路径。

提供数字作品所有权与使用权打包转移公示服务，以实现版权人与社会公众利益的最优配置。"赞赏"区块链 IP 平台所实践的融合权利转移公示与产权收益分成做法值得推广：用户在使用平台浏览数字作品时会生成轨迹记录，以及与之对应的散列值"指纹"，用户若将数字作品转发到其他自媒体平台，将会得到平台的返现奖励，版权人亦可获得相应的版权使用费用。

② 创建版权人与出版商共同主导的出版发行链条

鉴于当前数字作品版权变更及交易发行技术过于烦琐且不可靠，版权人在数字出版产业链中的话语权微乎其微，难以按照自己意愿出租或转售数字作品，因此，应在优化健全数字出版发行渠道的基础上，构筑版权人与出版商共同主导的数字出版生态格局，推动版权人与出版商之间的权益平衡。

一是建立数字出版发行的可信监管机制，完善以版权人为主体的数字出版发行体系。东南亚最具影响力的区块链产权交易平台 MBAex，正是依托区块链哈希算法技术为版权人提供一套去中心化信用监管机制，确保版权人最大化获取数字出版交易佣金。具体而言就是版权人向买方发行哈希令牌，每笔买方与平台之间的数字作品交易均会记录在哈希令牌中——哈希令牌所累积的点值既决定了版权人的版税收人，也决定了第三方可获取数字作品副本的数量，平台方只提取较低额度的服务佣金。

我国可借鉴这一做法，从以下两方面着手：首先，利用哈希算法对数字作品的创作时间、交易次数与授权频率进行动态记录，将其作为版权人与出版商利润分成的重要依据；其次，扩大版权人在数字出版发行体系中的权限，让版权人通过发行与数字版权相对应的哈希令牌来决定数字作品交易的价格与规模。此举既可激发版权人持续创作动能，又能规避数字作品过度消费问题。

二是优化数字出版发行链条，提高数字出版交易的公开透明度。区块链出版发行平台，打造了出版商与版权人共同主导的出版发行链条。基于哈希算法技术为数字出版交易的全部节点标记个性化哈希字符串，版权人可根据哈希字符串的变化情况来查看数字出版交易全过程，有效制衡出版商的出版发行垄断行为。

我国可尝试利用区块链哈希算法打造数字出版发行管理平台，在简化数字出版流转周期、降低数字出版全流程发行成本的基础上，发挥哈希算法记录透明公开的优势，增加版权人在数字出版全周期中的话语权。

③ 明确版权使用边界，完善二级市场交易机制

出版商与社会公众之间权益失衡的焦点在于出版商超越了数字作品的合理使用边界，从而间接剥夺了社会公众对数

字作品的二次传播利用权利。当务之急是要科学划定数字版权使用界限，建立数字作品二级市场交易机制，切实维护社会公众使用数字作品的法定权限。

一是确定数字作品的合理使用边界。出版发行平台将智能合约技术应用于数字出版交易的全流程，当交易对象为社会公众时，平台将为每份格式合同的用稿声明创建"公钥"账户，智能合约将自动搜寻授权记录的回应情况，保障社会公众的合理使用权限。若交易对象为出版商，平台将为交易系统产生的记账数据创建"私钥"账户，以降低双方的对账成本。我国应利用智能合约技术为不同的数字作品量身定制权责条款并自动执行，出版商只需明确约定版权的使用范围，社会公众便能免费获取和使用数字作品。

二是实现数字作品的二级市场交易。数字出版内容分发平台正是利用二级市场交易模式来平衡出版商与受众者权益。版权人利用区块链智能合约技术可事先限定数字作品的价格上限与下限，并明确出版商与其他利益相关者的收益分配比例，当出版商转售数字作品时，其他利益相关者亦可获得收益。这种"智能合约＋数字版权监管"的二级市场交易模式，在加快数字作品使用权流转的同时，亦可高效地对数字作品收益进行分配。

三是自动执行数字作品收益分成。在现行的数字出版市场交易过程中，由于签约前的授权范围确认成本、授权条款谈判成本与授权后的监督履约成本居高不下，导致数字作品交易效率偏低且版权收益分配失衡。此外，单个作品版权的拆分交易也成为版权纠纷的重要隐患——拆分后每个版权的授权时间、权利范围与约束条款都存在较大争议，使得出版商与社会公众之间的收益难以实现高效交割。

10.4 5G+ 区块链

10.4.1 什么是 5G

相对于第四代移动通信技术（4G），第五代移动通信技术（5G）具备更高的速率、更低的时延、更多的连接数、更快的移动速率、更高的安全性以及更灵活的业务部署能力。4G 和 5G 网络关键性能指标如下：

性能指标	4G 指标	5G 指标
峰值速率	1Gbps	10Gbps—20Gbps
用户体验速率	10Mbps	100Mbps—1Gbps
单向空口时延	10ms	1ms
流量密度	0.1Mbps	10Mbps
连接数密度	$104c/km^2$	$106c/km^2$
移动速度	350km/h	500km/h

5G 不仅是移动通信的一次升级换代，更是一次重大的技术变革，4G 改变生活，5G 改变社会。5G 跳出了前几代

通信网络主要面向人服务的范畴，更关注应用场景的多元化，强调要更好地支持行业应用与万物智联。

5G 支持三大类典型应用场景：一是增强型移动宽带（eMBB），主要追求人与人的极致通信体验，对应于 3D 和超高清视频等大流量移动宽带业务；二是高可靠低时延（uRLLC），主要面向如自动驾驶、移动医疗等对时延和可靠性要求极高的应用；三是海量物联（mMTC），主要体现物与物的通信需求，应用于智慧城市、智能家居、可穿戴设备等以传感和数据采集为目标的场景。

5G 三大类典型应用场景对通信提出了更高的要求，不仅要解决速度问题，而且对功耗、时延等也有要求。在这三大类典型应用场景下，5G 具有 6 大基本特点：一是高速度。相对于 4G，5G 要解决的第一个问题就是高速度。网络速度提升才能在面对 VR/AR 等超高清业务时不受限制，对网络速度要求很高的业务才能被广泛推广和使用。5G 基站峰值速度要求不低于 20Gbps。随着新技术使用，这个速度还有提升的空间。在 5G 的高速网络下，用户可以每秒钟下载一部高清电影，也可以在线观看 VR 视频。这样的高速度给未来对速度有很高要求的业务提供了机会和可能。

二是低时延无人驾驶、工业自动化等属于 5G 低时延高可靠连接的应用场景。在传统的人与人通信，甚至人与机器通信时，对时延的要求不高，因为人的反应是较慢的，也不需要机器那么高的效率与精细化。而无论是无人驾驶飞机、无人驾驶汽车还是工业自动化，都是高速度运行，还需要在高速中保证及时信息传递和及时反应，这就对时延提出了极高要求。5G对于时延的最低要求是1毫秒，甚至更低，这就对网络提出严格的要求，而5G是这些新领域应用的必然要求。要满足低时延的要求，需要在5G网络建构中找到各种办法，减少时延。边缘计算技术也因此被引入5G网络架构中。

三是广连接。5G将可以在每平方公里内同时支持100万个以上的移动连接。未来接入5G网络中的终端，不仅是手机，还会有眼镜、手表等可穿戴设备，冰箱、电视机、洗衣机等家用设备也通过5G接入网络。而社会生活中大量未联网设备也将会联入5G网络，将变得更加智能。例如，井盖、电线杆、垃圾桶这些公共设施，以前管理起来非常难，也很难做到智能化，而通过5G联网，这些设备将有可能转变成为智能设备。

四是超密集异构网络。5G网络结构复杂，若需要做到每平方公里支持100万个以上的设备，则5G组网设备将非常密集，需要大量的小基站来进行支撑。同一个5G网络中，不同的终端需要不同的速率、功耗，也会使用不同的频率，对于服务质量的要求也不同。在这样的情况下，网络很容易造成相互之间的干扰。5G网络需要采用一系列措施来保障系统性能，例如，不同业务在网络中的实现、各种节点间的协调方案、网络的选择以及节能配置方法等。在超密集网络中，密集地部署使得小区边界数量剧增，小区形状也不规则，用户可能会频繁复杂地切换。为了满足移动性需求，这就引入新的移动管理算法。总之，一个复杂的、密集的、异构的、大容量的、多用户的5G网络，需要平衡、保持稳定、减少干扰，这需要不断完善5G网络架构来解决这些问题。

五是软件定义网络（SDN）和网络功能虚拟化（NFV）。SDN架构的核心特点是开放性、灵活性和可编程性。NFV作为一种新型的网络架构与构建技术，其倡导的控制与数据分离、软件化、虚拟化思想，为突破现有网络的困境带来了希望。SDN和NFV解耦5G网络的软件与硬件，分离控制面与用户面，提升控制面集中化能力，为5G网络的智能化（自修复、自优化等）提供重要基础。

六是新型网络架构未来。5G网络架构将包括接入云、控制云和转发云三个领域。其中，接入云支持多种无线制式的接入，融合集中式和分布式两种无线接入网架构；控制云实现局部和全局的会话控制、移动性管理和服务质量保证，并构建面向业务的网络能力开放接口；转发云基于通用的硬件平台，在控制云高效的网络控制和资源调度下，实现海量业务数据流的高可靠、低时延、均负载的高效传输。

2019年底，中国联通研究院与中兴通讯股份有限公司共同发布的《"5G+区块链"融合发展与应用白皮书》指出，5G与区块链相互促进、相互影响。比如，5G将大幅度提升区块链网络的性能和稳定性；5G创造的万物互联为区块链带来更多可上链数据；区块链为5G应用场景提供数据保护能力；区块链促使5G实现真正的点对点的价值流通。

10.4.2 5G产业发展现状

全球主要国家的通讯运营商都在加速进行5G网络的建设和商用进度。在世界范围内，中国属于5G的领跑者，自2013年成立"IMT-2020推进组"以来，国内5G持续快速推进。2019年，工信部正式向中国电信、中国移动、中国联通、中国广电发放5G商用牌照，我国正式进入5G商用元年。这意味着中国的5G建设和商用进程将会大大提速，不仅将对中国经济格局影响巨大，也将会很大程度上影响全球5G发展格局，世界5G发展从此将进入快车道。5G渐行渐近，其灵活、高效、融合、开放的性能将能够满足不同业务的快速部署需求，基于垂直行业的物与物连接将成为新的市场蓝海。据GSMA预计，到2019年底，全球将有29个市场开通5G服务，连接数达到1000万个。伴随着应用的推广及全社会高度的关注，5G在应用和消费者的推动下，5年左右的时间全球用户将会达到十亿级别。

10.4.3 5G 产业发展技术的痛点

目前，5G 移动通信技术还是属于刚刚起步以及探索的阶段，所以不管在技术方面还是在应用方面都不够成熟。

2017 年 12 月，国家发展改革委发布《关于组织实施 2018 年新一代信息基础设施建设工程的通知》，该通知计划到 2018 年的时候，有不少于 5 个城市和地区可以开展 5G 规模组网试点，同时，对于 5G 基站的数量要求不少于 50 个。随着我国华为通信企业的不断发展，5G 技术在我国得到了稳步前进，其发展态势处于快速上升的阶段。2018 年，我国工信部正式向外界宣布为中国电信、中国移动、中国联通三大运营商发放 5G 系统中低频段试验频率，这一举动进一步推动了我国 5G 产业链的成熟与发展。2019 年 6 月，我国工信部更向中国移动、中国电信、中国联通三大运营商发放相关的 5G 商用牌照，促进了中国 5G 商用落地，随后，三大运营商也公布相应的 5G 套餐。

2019 年 10 月，我国各个城市纷纷出现了使用 5G 技术的用户。随着我国 5G 技术的不断发展，到 2020 年，我国 5G 发射基站有望占到全球的一半。

5G 技术总体来说还是处于刚刚探索、发展的阶段，仍然存在许多的问题，因此，该项技术在未来的发展会面临许多的挑战，包括以下几个方面。

一是频谱不足。对于 5G 技术而言，目前主要分成了两个范围，一个是 450—6000MHz，一个是 24250—52600MHz，虽然看起来频谱的跨度大，但是在当中有一部分的频谱已经被占用，导致可用的频谱资源不多。所以现在在频段的利用率上，对于 5G 而言，还是十分有缺陷的，同时，全球对 5G 频谱的划分使用还没有达成一致的共识。

二是成本昂贵。由于在发展 5G 技术的过程中，需要对原有的通信硬件设备进行升级以及改造，以此来确保提供相应的 5G 服务以及实现全网络的覆盖，但在过程中需要耗费巨额的费用，特别是发射基站的构建。同时，用户在享受 5G 服务的时候也需要负担昂贵的套餐费。

三是移动终端的性能。随着 5G 技术的出现，用户对智能移动终端设备提出了更高的要求，未来的移动终端设备应该更加智能化和多元化。同时，移动终端的性能将会直接影响用户对于 5G 技术的体验效果，因此，对于移动终端的生产商来说是一个巨大的挑战。

10.4.4 区块链解决方案

随着 5G 商用和快速发展，5G 和区块链的结合，扬长补短，相得益彰，业内人士认为，未来必将能够创造出更多的机会和价值。

自动化应用广泛依赖于 5G 的全球性覆盖，5G 能够为这些应用在全球范围内提供所需的网络容量、速度和延迟。但 5G 技术依然存在另外两个潜在的障碍：

一是安全性——得益于设备之间高强度的互联性，恶意设备可能会在网络中引起混乱；

二是可扩展性——5G 的推出将会使这些设备之间的交易和支付呈爆炸式增长，到那时候，当前的中心化和去中心化的金融基础设施就已经变得相形见绌了。

区块链技术为 5G 的第一大瓶颈扫除了技术上的障碍。公共的、去中心化的区块链具有不可篡改性，并且还可以在不信任实体之间建立共识机制，这为物联网提供了安全上的保障。

物联网设备之间的交易和智能合约之间存在着各种纠纷，因此，区块链就成为解决这一问题的基础层。由于这些设备涉及金钱交易，或者是涉及交通工具的应用，因此，创建一个具有安全可靠的底层协议至关重要，而区块链则是最佳选择。

相较于当前物联网的客户端—服务器模型，去中心化的区块链技术的好处要多得多。区块链技术的去中心化特性能够很好地保护用户的身份及安全。目前，物联网设备是通过云服务器来识别用户，并且将识别数据保存在这些云服务器中。这样一来，这些数据就很容易被泄露、窃取或抄袭，基于这些数据的应用程序也会受到很大的安全威胁。而去中心化的区块链则可利用非对称密码算法和安全哈希算法来保护这些用户身份。设备可以根据对应的区块链地址进行注册，保证身份的唯一不可篡改性。因此，这是现有中心化基础设施无法达到的安全和防篡改识别高度。

10.4.5 行业展望

根据相关预测，到 2035 年 5G 行业将在全球创造超过12 万亿美元的经济产出。对于中国市场，业界预计 2020—2025 年期间，中国 5G 商用直接带动的经济总产出超过 10万亿元人民币，间接拉动的经济总产出将超过 24 万亿元人民币；并预计到 2025 年，5G 行业将直接创造超过 300 万个就业岗位。

10.5 边缘计算 + 区块链

10.5.1 边缘计算发展现状

边缘计算源于传媒领域，是指在靠近物或数据源头的一侧，采用网络、计算、存储、应用核心能力为一体的开放平台，就近提供最近端服务。

其应用程序在边缘侧发起，产生更快的网络服务响应，满足行业在实时业务、应用智能、安全与隐私保护等方面的基本需求。边缘计算处于物理实体和工业连接之间，或处于物理实体的顶端。而云端计算仍然可以访问边缘计算的历史数据。

边缘计算是云计算的延伸，为高带宽低时延业务提供支持。移动边缘计算（Mobile Edge Computing，MEC，以下简称"边缘计算"）是在靠近数据源或用户的网络边缘侧，提供网络、计算、存储等基础设施，并为边缘应用提供云服务和 IT 环境，让消费者享有不间断的高质量网络体验。

5G、物联网、增强现实、无人驾驶等这些新技术对信息基础设施也提出了新的需求：非常低的、确定的网络时延。在这种情况下，在网络边缘部署服务器节点，就近提供高效、智能的计算、存储和网络资源，将会很大程度上解决这种问题。这种服务器节点加上配套的风火水电被称为边缘数据中心。

到 2020 年，将拥有超过 500 亿的终端与设备联网，未来超过 50% 的数据需要在网络边缘侧分析、处理和储存，边缘计算所面对的 IDC 市场规模非常巨大。

2019 年，A 股上市公司涉及边缘计算研发及应用的公司达到 34 家，其中制造业公司有 17 家，信息技术服务企业有 16 家，余下 1 家公司属于建筑业；市值 100 亿元以上的有 10 家，50 亿元至 100 亿元的有 16 家，市值低于 50 亿元的有 8 家。大部分公司对边缘计算的研发及应用尚处于尝试阶段。

基于边缘计算，目前行业已经推出了不少创新应用，随着数字化高带宽技术的广泛应用，比如：VR、红外线测温、智能充电桩、ETC、4K 视频、无人驾驶、机器人等，更多的数据将在边缘侧产生和使用，也就是在数据产生的地点进行分析、处理和存储。

著名的分析机构高德纳咨询公司预测，到 2025 年，75% 的数据将在边缘侧产生和处理。由于中央云和区域级云计算数据中心受时延和带宽的制约（通常大于 10 毫秒），本地边缘计算数据中心将成为实时处理和存储这些数据的可靠的物理基础设施（可以小于 3 毫秒）。但中央云和区域级云计算数据中心将作为后台大数据分析、人工智能训练和大规模冷数据存储的可靠的物理基础设施，并将与边缘计算协同来构建我们未来的数字化世界。而 5G 凭借其大带宽、高速率、低时延等特性为边缘计算的发展与落地奠定了坚实的基础，同时，每个 5G 基站也是一个移动的边缘计算数据中心。

10.5.2 边缘计算行业痛点

① 零信任网络和安全

边缘安全的一种方法是实施零信任网络，该网络可以自动验证 IP 地址，并对来自公司内外部的用户进行身份验证。零信任网络非常适合边缘应用，因为它们不依赖于最终用户来管理日常安全性。

② 与终端业务领域的协调

边缘技术需要适当的安全性、治理、集成、数据处理和通信。IT 部门需要做到这一点，并提供技术支持。这些任务应本着合作和支持的精神来执行，IT 部门和最终用户之间的合作越和谐，技术上就越有优势。

③ 供应商管理

最终用户最初可能会与边缘供应商联系并与之签约，但IT 部门最终将管理这些供应商关系。IT 部门须确定并与边缘软件、硬件、设备和网络供应商保持同步，以确保所有产品和供应商关系都有文档记录。

④ 审核供应商

与其他供应商一样，边缘供应商应该财务稳定，拥有出色且可扩展的解决方案，并乐于支持其提供的技术。同样重要的是，供应商对企业安全性的承诺，因为太多的边缘产品都是基于技术的低要求安装的默认安全性。因此，IT 部门应积极参与确保新的边缘技术得到适当保护，以满足企业安全标准。

⑤ 灾难恢复计划和测试

在部署边缘计算时，应不断更新企业灾难恢复计划。这是很难计划、预算、开发和测试的，因为灾难恢复一直以来都是一个后台项目，需要等到其他具有更高可见性的关键任务项目完成后才能进行。目前在更新边缘计算的灾难恢复计划方面，各个企业都存在滞后情况。应确定和规划存在于边缘的关键任务系统、网络和设备，还应该定期测试灾难恢复计划。

⑥ 设备跟踪和资产管理

以 IT 部门作为指挥中心的资产管理系统可以对设备附加传感器跟踪。

⑦ 制定及时处理软件更新和操作系统异常的策略

边缘技术和设备有很多种类（其中许多具有专有的操作系统），且所有软件须保持新状态。当供应商发布操作系统更新纠正安全缺陷时，这一点尤其重要。

⑧ 系统换代

在边缘部署新技术时，旧技术通常会被取代，最终业务用户往往会把旧设备随意放置，而忽视了可能存储在该设备上的敏感数据。IT 部门可以通过定期检查技术库存并制定"sunset"策略和程序，以淘汰过时的设备。

⑨ 带宽策略

为了在边缘和数据中心获得理想性能，您是否重新审视过您的 IT 数据、网络、存储和处理体系架构？

正确的做法是在边缘位置本地存储数据，然后将数据导入中央数据存储库或者将数据保留在原处。另外，云服务可以用于存储和处理。在其他情况下，实时数据须发送到公司周围的远程和中心站点。

然而，对边缘的规划可能会破坏以前的带宽分配，因为往返边缘的数据有效负载将会增加。

此外，5G 的出现将导致许多通信协议无法与大量投入生产的边缘和移动设备兼容，IT 部门需要提前进行规划，并且 5G 部署可能还需要与资产的报废和更换周期同时进行。举个例子，一家公司拥有数千台旧式的扫描器，需要将它们与 ERP、制造和供应链系统集成。由于每台扫描仪都要花费数千美元，该公司无法承受这笔资金。于是该公司聘请了一位数据集成专家（HULFT），利用 HULFT 开发的 HTML 调用将所有扫描器连接到其系统中。

10.5.3 区块链解决方案

区块链在信任建立、价值表示和传递方面具有不可取代的优势，目前已经在跨行业协作、社会经济发展中展现出其价值和生命力，而边缘计算在靠近用户的地方提供计算、存储、网络等基础设施，通过在该基础设施上部署和运行应用，为用户就近提供边缘云服务，可以在网络和资源组织方式、业务体验提升方面都具有良好的竞争力。区块链技术促进安全可信，边缘计算技术促进高效可用，边缘计算＋区块链可以构成高效信息＋价值平台，促进资源共享和最优化配置。一方面，边缘计算为区块链提供了新的节点部署选择，把区块链部署在边缘计算节点上，数据对接便捷，传播路径可控，可以缓解带宽压力，提升传输实时性，集成运营商开放能力；另一方面，区块链可以促进不同的边缘节点之间、"端—边—网—云"各方之间的协作同步，帮助建立边缘计算系统的完整性保障和防伪存证支撑资源，推动终端、数据、能力的开放共享。"区块链+边缘计算"作为通信和信息技术融合发展的新领域，必将共同推动跨界融合创新，促进社会经济转型和发展，将对网络、业务、生态产生促进效应和深远的影响。

区块链为边缘计算提供信任主要表现在以下几方面：

一是赋能协同：边缘计算多级网络协同，构建智慧边缘。借助叠加在边缘节点上的区块链服务，可打通不同边缘之间、"端—边—网—云"各方间的孤岛，形成信息和价值的打通，产生跨网协同效应。

二是赋能安全可信：边缘计算基础设施、数据转发设备、边缘计算平台等靠近用户部署，区块链可帮助建立边缘计算系统的完整性保障和防伪存证，也可帮助"端—边—网—云"各方间实现去中心的认证。

三是赋能共享：边缘计算节点为运行于其上的各种服务和第三方应用提供计算、网络和存储资源，终端、数据、能力也可以作为公共资源共享，开放给多个应用使用，这些资源都可以统一通过边缘计算平台上承载的区块链应用进行交易，以充分发挥其价值。

10.5.4 行业展望

边缘计算典型应用场景有很多，如智慧城市、互动直播、新零售、云游戏、智能制造、未来在线教育、物联网IoT 等等，其应用场景本质主体框架为"云—边—端三体协同计算"。

边缘计算应用场景根据覆盖范围可分为本地覆盖类和全网覆盖类两大类：

本地覆盖类应用核心要求边缘节点（ENS）下沉本地化，ENS 接入距离要求足够近（目标小于 30 公里），时延足够低（目标小于 5 毫秒），才能更好支持本地化服务上云需求。如智慧交通、智慧社区等行业监控数据上云，这类应用大带宽需求是最能体现边缘计算时延和降低成本等优势。

全网覆盖类应用核心要求从边缘节点和运营商网络两个层面覆盖，来保证边缘算力与服务质量（如 CDN、互动直播、在线教育等业务）。

以这两大类应用场景建设案例，来抽象边缘计算"云—边—端三体协同计算"技术方案。

场景一：智慧城市中的边缘计算应用

智慧城市属于本地覆盖类应用，需要信息全面感知、识别研判、整合高效处理。

其中数据汇集公安、小区街道等数据、运营商通信类数据、**IoT** 设备感应类数据、互联网社会群体数据。通过这些数据，智慧城市服务智能识别出各类事件、作出事态预测、风险研判，整合公安、交警、公交等社会资源，对重大关联性事件进行全域资源联合调度，从而实现流程智能化和信息一体化，提高社会处置能力。

智慧城市的边缘计算框架如下：

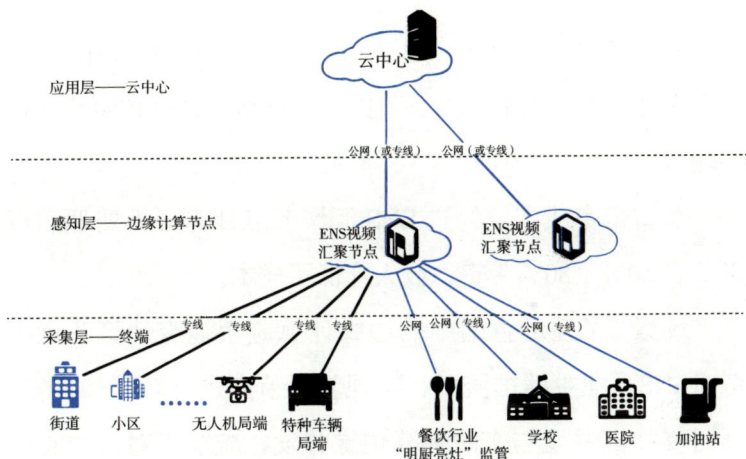

智慧城市的边缘计算图示

采集层（终端产生的数据），海量视频监控采集的原始数据，上传到就近的本地汇聚边缘计算节点 ENS；

感知层（边缘计算汇聚节点），**ENS** 视频汇聚节点内置 **AI** 算法模型与参数，完成对原始视频流 **AI** 计算分析处理，提取出结构化特征信息；

应用层（云计算中心），城市大脑（云中心）根据各个ENS 上报的特征信息，全面整合处理形成决策，按需可实时调取原始视频流。

整合"云—边—端三体协同计算"三层架构的优势有为：

云中心下沉 AI 云服务能力到边缘计算节点，边缘计算节点侧可对各种能力不一的摄像头普惠提供 AI 算力，采集更加丰富的数据。

视频传输稳定可靠，通过 ENS 汇聚节点链路优化能力，先汇聚处理视频流后传输，可以保证结构化数据和原始视频传输效果。

节省带宽成本，经过 ENS 汇聚节点计算分析处理后可以节省 50%—80%带宽，极大降低了成本。

场景二：互动直播中的边缘计算应用边缘计算节点服务（ENS）在主播推流时，实现就近节点进行转码和分发，同时支持高并发与实时弹幕边缘分发，减少了对云中心压力，可以节省 30%以上中心带宽，并获得网络时延，实现了 ENS 网络连接时延小于 5 毫秒，整体提升主播上行质量和用户观看体验。

通过 ENS 与 CDN（网络内容分发）资源协同，为互动直播提供稳定可靠算力和网络服务，实现了弹性伸缩和分钟级交付能力，具备规模经济性，还节省了用户带宽成本。

① 边缘计算未来展望

未来边缘云计算和云计算相辅相成、相互配合，边缘云计算的定位是拓展云边界，把计算资源拓展到离"万物"一公里以内的地方。

边缘云计算本质是基于云计算技术，为万物互联互融终端提供低时延、自组织、可定义、可调度、高安全、标准开放的分布式云服务。

② 标准化

边缘云计算标准化和规范化，对促进技术创新、落地云计算技术和产业发展有着重要作用。边缘云计算标准化和规范化后将带来以下好处：

一是加快边缘云计算技术创新和落地；

二是利于创造开放的边缘计算产业生态；

三是促进边缘云计算产品和服务发展；

四是利于提升边缘云计算安全性。

业务协同下沉为更多场景赋能 5G 技术，加速了万物互联互融。在 5G 技术三大特性 eMBB（增强移动带宽）、URLLC（超可靠超低延时通信）、mMTC（大连接物联网）加持下，如无人驾驶、直播游戏、可穿戴设备、远程办公、智能家居（AIoT）、远程医疗、智慧城市、智慧金融、智慧交通、智慧农业、在线教育、新零售、生物科技、智能制造、车联网等场景行业将迎来发展机遇。

深挖行业痛点，将边缘云计算产品服务下沉本地化，覆盖到离终端消费者更近的范围圈，为场景充分赋能。如无人自动驾驶大力发展的时代，智慧交通行业痛点有：

一是如何让自动驾驶实时感知路面情况？

二是如何让自动驾驶根据不同场景，迅速计算出决策并执行？

三是如何让自动驾驶车辆针对紧急场景，做到毫秒级响应？

针对这些痛点，边缘云计算可以提供：高精度定位与地图服务和高可靠低时延通信；

多源融合感知，**AI** 算法模型监测道路交通事件（云端 **AI** 训练，边缘执行），有效实现碰撞警告，车流量感知与控制等智能服务，来为自动驾驶场景保驾护航。

构建开放产业生态边缘云计算产业链条长且复杂，涉及运营商、网络厂商、服务器厂商、其他生态参与者、政府机构以及全球 / 本地相关协会等合作方，可以构建边缘计算开放平台，凝聚各行各业边缘计算优势，构建产业生态，共同促进边缘计算生态繁荣发展。

③ 边缘计算将无处不在

据 **IDC** 预测，2020 年底有超过 500 亿终端和设备联网，其中超过 50% 数据需要在网络边缘侧分析、处理与存储。

万物互联互融时代对技术基本需求是"低时延、大带宽、大连接、下沉（本地）化"，而传统人联网时代"云—端二体协同计算"已无法满足"低时延、低成本"需求，带宽成本与传输时延已成为瓶颈。需要引入边缘计算（即是在更靠近终端网络边缘侧提供服务）来解决此问题，构建"云—边—端三体协同"计算组合形态：将云计算力下沉到靠近终端边缘节点（ENS）上，终端设备连接到 ENS 后，ENS 可以为终端提供数据采集、存储、计算、分析、清洗等服务，少数核心计算业务可以上报到云端进一步处理后，回传 ENS 同步给到终端形成数据处理闭环，这样不仅减轻了云中心处理压力，而且节省了端到云的昂贵大带宽成本，降低了端到 ENS 网络响应时延。

边缘计算是物联网不可或缺的基础设施之一，在 5G 技术加持下，边缘计算将发展为如水电一样"全球覆盖，无处不在"的通用基础设施，为人类社会创造价值。

结　语

我们可以大体回顾一下，互联网以及与互联网紧密相关的物联网、云计算、大数据、人工智能，甚至包括 5G、边缘计算，这些技术以及它们的组合给我们带来了什么？

从我们的角度来看，互联网以及这些紧密相关的技术创新带来了大范围的连接。互联网将原来线下由六度分隔理论构造的小世界，变成了由三度分隔所重构的更小的小世界。互联网使得人与人的距离更近了，联系更加紧密了，连接也更加方便了。但由互联网带来的这种连接，却不是可靠可信的连接，就如前几年网上的一句话：你不知道在网上和你聊天的是一个人还是一只狗。

区块链却不一样。互联网通过实现大范围连接和信息实时传输，提高了沟通交流效率，扩大了沟通交流范围，降低了沟通交流成本。但区块链却要求相关人要对这些链上数据进行数字签名，全网其他所有节点要对数据和签名进行验证，这无疑极大地降低了沟通交流效率，提高了沟通交流成本，在某些场景下的应用，比如联盟链和私有链还局限了沟通交流范围。

区块链改变了连接的性质。通过区块链系统由以上一系列复杂操作带来的连接，是可靠的，也是可信的，这是区块链给传统互联网带来的最大的改变。区块链通过多种技术组合和大量资源的消耗，使得数据篡改或伪造在区块链系统上难以存在，这也就使得原本很多需要通过线下的制度法律安排来保障的业务，可以在链上以区块链的方式开展。近一两年区块链在分布式金融领域的应用爆发，已经可以看出并验证这方面的趋势。

产业区块链是区块链与产业结合带来的涌现。随着计算机、互联网、物联网和各种社交软件的迅猛发展，我们已经从模拟仿真时代飞速进入数字化转型时代。如果说在早期，数据的采集和获取受各种条件限制还非常不便，数据资源还远不丰富，因此，我们不得不学着从少量有代表性的数据利用模拟仿真系统，来预测事物的未来可能发展，那么，到现在，我们基本进入数字化转型阶段。至少，从数据所覆盖的业务范围和数据数量来看，我们基本上实现了数字孪生，即物理世界和数字世界大体上的一一映射。这其中最为典型的就是消费互联网的发展。目前，消费互联网基本上覆盖了人类生活的方方面面。那么，什么是消费互联网？消费互联网当然是互联网在消费领域的应用。但如果我们仅仅看到这一点，还是过于表面了。

前面我们说过，互联网实现了大范围连接。消费互联网通过将大范围的产品服务和消费者连接在一起，进而实现了大数据基础上的智能匹配，完成了对人类交易行为的改造。当然可以认为，消费互联网本身并没有创造出价值，但消费互联网极大地降低了交易成本，提高了交易效率。这本身也是一种数字化转型和数字化重构，是建立在大范围连接和数据实时传输基础上的对传统的市场交易行为的重构。

如果说消费互联网的发展，更多是从信息化到数字化的发展，那么接下来的发展，将更多是数字化作用的体现。其下一步必然要进入产业互联网阶段，即互联网不仅作用于交易环节，改变交易模式，还要进入生产制造环节，实现生产环节的数字化重构，以新的方式创造价值，也创造新的价值，而这必将出现不同产业和区块链结合的新的涌现现象，进而将交易环节和生产制造环节连接为一体，实现各种以数据驱动的生产制造和交易模式的再造。在这个过程中，将出现更大范围更多种可能的新事物涌现。

让我们拭目以待，迎接区块链技术和其他众多数字前沿技术给大家的生活方方面面带来的日新月异的变化，未来已来。

责任编辑：宰艳红

图书在版编目（CIP）数据

数字经济：产业区块链的落地和赋能／韩一 赵焕 李波 主编 . —北京：
 人民出版社，2021.12

ISBN 978 - 7 - 01 - 023794 - 7

I.①数… II.①韩…②赵…③李… III.①区块链－技术－研究
 IV.① F713.31.3

中国版本图书馆 CIP 数据核字（2021）第 212144 号

数字经济

SHUZI JINGJI

——产业区块链的落地和赋能

韩一 赵焕 李波 主编

人 民 出 版 社 出版发行

（100706 北京市东城区隆福寺街 99 号）

北京中科印刷有限公司印刷 新华书店经销

2021 年 12 月第 1 版 2021 年 12 月北京第 1 次印刷
开本：880 毫米 ×1230 毫米 1/32 印张：6.625
字数：120 千字

ISBN 978 - 7 - 01 - 023794 - 7 定价：49.00 元

邮购地址 100706 北京市东城区隆福寺街 99 号
人民东方图书销售中心 电话（010）65250042 65289539